SABINA WACHTEL

GOLD
SCHNITTE

Für alle Frauen,
die sich mit 40 plus noch nicht
erschießen wollen

W0046005

Diana Verlag

Verlagsgruppe Random House FSC® N001967
Das für dieses Buch verwendete
FSC®-zertifizierte Papier *Super Snowbright*
liefert Hellefoss AS, Hokksund, Norwegen.

2. Auflage
Copyright © 2014 by Diana Verlag, München,
in der Verlagsgruppe Random House GmbH
Redaktion | Regina Carstensen
Umschlaggestaltung | Eisele Grafik·Design, München
Autorenfoto | © Jörg Ladwig
Satz | Leingärtner, Nabburg
Druck und Bindung | GGP Media GmbH, Pößneck
Printed in Germany 2014
Alle Rechte vorbehalten
ISBN 978-3-453-28525-5
www.diana-verlag.de

Inhalt

1

Geben wir auf, oder geben wir Gas?

Da lebt man so vor sich hin, mal besser, mal weniger toll, und als hätte man nicht schon genug an der Backe, kommt – mir nix, dir nix – der erste Hieb, nein, der erste Ich-bin-nicht-mehr-jung-ich-bin-jetzt-wie-die-die-mir-so-alt-vorkommen-Hieb. Und tatsächlich, da muss jede von uns durch. Ich weiß allerdings nicht, ob das so tröstet. Etwas verstörend finde ich, dass niemand wirklich darauf vorbereitet zu sein scheint. Niemand.

Bei mir kam der erste Hieb, als ich abends wie gewohnt gegessen und am nächsten Morgen einen Bauch hatte, als hätte ich eine mehrtägige Essorgie gefeiert. Und das von heute auf morgen! Der zweite Hieb folgte, als ich merkte, dass mein Bauch auch nach drei Tagen weniger essen nicht weniger wurde und erst nach viertägiger Quälerei, das heißt deprimierend maßvollem Essen, wieder Normalzustand hatte. Der dritte Hieb traf mich unversehens, als ich den Beipackzettel für die Tropfen zur Stärkung meines Immunsystems ohne Brille nicht mehr lesen konnte.

Um mich herum sieht es nicht besser aus. Annette ist in den Wechseljahren und fragt Sandra, ob das bei ihr auch so schlimm sei, Sandra lügt und sagt Nein. Alicia ist unzufrieden mit ihrer Figur und fragt Annette, ob sie sich das Fett absaugen lassen soll. Annette erwidert, das sei doch viel zu teuer, und schimpft über den Schönheitswahn. Ella will sich von ihrem Mann trennen, Désirée sagt ihr, das sei jetzt zu spät, das hätte sie sich früher überlegen sollen. Désirée war noch nie verheiratet. Kate traut sich nicht zu sagen, dass ihr ihre Kinder so auf die Nerven gehen, dass sie sie ins Internat stecken will. Katja trinkt zu oft, und Juliane überlegt, ob sie sie darauf ansprechen soll, wartet aber noch auf den richtigen Zeitpunkt. Dabei hat Juliane eigentlich genug eigene Sorgen, weil sie gern einen Mann hätte und keinen findet. Sie muss ihr Dating-Profil im Internet tunen. Senta will sich von Hans trennen, weil der sich nicht von seiner Ehefrau scheiden lassen will. Ulrike macht sich so ihre Gedanken, ob es nicht doch ein Fehler war, sich von Ulf scheiden zu lassen – Melanie hatte ja immer schon gesagt, sie würde das bereuen. Melanie weiß nicht, wie sie Ulrike sagen soll, dass sie sich seit einem halben Jahr mit Ulf trifft. Elke fühlt sich neben ihrer jungen Chefin steinalt. Birgit kann ihre Schwiegertochter nicht leiden, ihr Konto ist permanent im Minus. Lena jammert darüber, dass sie von ihrem Mann nichts zum Hochzeitstag geschenkt bekommen hat. Sie selbst hat ihm noch nie was zum Hochzeitstag geschenkt. Wilma lässt die Bombe platzen und sagt, dass sie sich liften lässt. Alle sind empört, ganz vorn Annette, die sich wegen ihrer großen Nase seit ihrem 14. Geburtstag nicht mehr im Profil fotografieren lassen hat.

Übertrieben? Nein. Das ist der ganz normale Wahnsinn, und wir sind mittendrin. Und dazu müssen wir uns auch noch mit den plötzlich auftauchenden Zipperlein und unserer verblühenden Schönheit rumplagen.

An dem Tag, an dem es mit mir und meiner Mission »Goldschnitte« losging, wollte ich all das hinter mir lassen, meiner Freundin Carla einen Pullover vorbeibringen, den ich für sie bei »Himmel und Hölle« mitbestellt hatte, und mir mit ihr einen netten Abend machen.

Sie kennen das bestimmt auch. Sie denken an nichts Böses, Sie sind mit sich und der Welt zufrieden. Aber der Abend wird nicht so, wie Sie es sich vorstellen. Es wird anders. Und dann fängt die Lawine an zu rollen. Und das alles wegen dieses einen Themas. Aber es ist das Thema, das Sie von nun an beschäftigt. Es hört nicht auf. Und das Verrückte ist, es beginnt mit einem ganz kleinen Detail.

Meine Freundin Carla hat nämlich plötzlich einen Damenbart. Wir kennen uns eine halbe Ewigkeit, und den hat sie früher nicht gehabt. Oder ich habe ihn nicht gesehen. Denn in den Schuppen, die wir damals aufsuchten, um uns zu vergnügen, war das Licht schummrig, und wir waren sowieso die Größten. Nur, woher kommt jetzt dieser Damenbart? Das ist genauso gespenstisch wie das Problem mit meinen Augenbrauen. Die wachsen auch seit Neuestem wie Tim und Struppi und machen, was sie wollen. Was heißt seit Neuestem? Seit diese Zahl reinknallte, die mit vier beginnt.

Doch Carla und ich reden an diesem Abend nicht nur über meine struppigen Augenbrauen und ihren Damenbart. Wir sprechen über das Älterwerden und was es für uns bedeutet. Ein wenig großkotzig sage ich irgendwann, dass man eben der Realität ins Auge sehen müsse, dann sei sie nicht mehr gefährlich. Und weil ich gerade so schön selbstgefällig bin, sage ich auch, dass ich zukünftig nicht mehr ignorieren werde, dass ich älter werde. Mir kommt es vor, als sei ich jetzt, genau in diesem Moment, zum ersten Mal so richtig mit dem Alter konfrontiert worden. Sofort bekomme ich ganz schlechte Laune.

Dann erzählt Carla auch noch, dass irgendein Idiot vor ein paar Jahren auf die Idee kam, Frauen ab vierzig in Kühe und Ziegen einzuteilen: Die Kühe sind die Frauen, die eher rundlich sind und Bernsteinketten, Hosen mit praktischem Stretchgummizug oder Kittelschürzen tragen, und die Ziegen sind die Dürren mit drei verschiedenen iPhone-Hüllen, die permanent Selfies von sich auf WhatsApp verschicken. Das sollte die neue Ära in unserem Leben ab vierzig sein? Kuh oder Ziege?

Carla schließt sich meiner Laune an, hat sie doch just an jenem Tag an der Supermarktkasse gestanden, gerade noch gedacht, alles sei so toll – das Leben, sie selber und überhaupt –, und dann sah sie vor sich in der Schlange eine Fünfundzwanzigjährige, die genau das gleiche Kleid von Zara trug wie sie und einfach unangestrengt top aussah. Während sie selbst ununterbrochen das Mantra vor sich hin gemurmelt hatte: »Klar kann ich das noch tragen, sieht doch super aus, ich kann's halt noch.«

Dann kommen uns natürlich noch tausend Sachen in den Sinn, die wir uns in den vergangenen zwanzig Jahren hätten sparen können, und weitere tausend Sachen, die wir nie gemacht haben und für die es nun bestimmt zu spät ist. Ich sage Carla, dass sie jetzt wenigstens endlich den Pullover auspacken solle, sonst sei es dafür auch noch zu spät.

Älterwerden ist kacke, da waren wir uns zu diesem Zeitpunkt einig und bemitleideten uns ein bisschen, weil wir so alt waren. Carla beschloss, von nun an keine Geburtstage mehr zu feiern, und ich sah mich im Autofahren bestätigt – am Ende würde mir in Bus oder Bahn noch jemand seinen Platz anbieten.

Es soll aber auch Frauen geben – ich kenne nur eine und Carla immerhin drei –, die permanent runterleiern, gern auch ungefragt, wie toll es sei, in den Vierzigern zu sein. Sie finden nur Positives, das das Alter mit sich bringt: Erfahrung, Gelassenheit und Souveränität! Wow! Frauen, die es bis hierhin geschafft haben, erkennt man daran, dass sie statt Hut Heiligenschein tragen. Im Prinzip ist es auch wirklich eine gute Sache: Ich kenne meine Stärken und Schwächen, kann mit beiden gediegen haushalten, weiß, wo meine Grenzen liegen und wie ich mich motivieren kann, sie zu überschreiten. Das ist super.

Was mir aber tierisch auf die Nerven geht, ist die Gelassenheit der anderen. Gelassenheit ist schrecklich langweilig. Seit die meisten meiner Freundinnen die vierzig ansteuern oder über vierzig sind, ist um mich herum nichts als Souveränität. Keine panischen Anrufe mehr nach Mitternacht, weil der Typ schon wieder nicht nach Hause gekommen ist. Keine Heulkrämpfe, weil die sündhaft teure neue Jeans doch von hinten einen müden, langweiligen und flachen Hintern macht (was man natürlich in der Umkleidekabine nie sieht, sondern immer erst zu Hause vor dem Spiegel). Weniger Drama, weniger Spaß. Gespräche über Supermarktpreise, Haftpflichtversicherungen oder die Treppenhaussanierung sind definitiv nicht meine Stärke. Und altersmilde auf die eine oder andere Erfahrung zurückzublicken, die ich habe, ist ja auch wirklich keine Kunst bei dem Alter!

Was einmal als Vorteil erschien, klingt, einmal geschafft, nicht mehr wirklich prickelnd – angefangen mit »Wir wissen, was wir wollen« über »Wir wissen, was uns steht« und »Wir gehen keine Kompromisse mehr ein« bis zum Gipfel der Langeweile: »Wir sind mit uns im Reinen.« Wir scheinen tatsächlich gottähnlich zu werden. Wer diesen Heiligenschein-Zustand nicht hat, schätzt sich glücklich, wenigstens verheiratet zu sein.

Aus unerfindlichen Gründen nennen nämlich die meisten Frauen ab vierzig, befragt nach dem, was ihnen wichtig sei, an erster Stelle nicht unbedingt den gut bezahlten Job, ein riesiges Haus mit Garten, einen vollen Kleiderschrank und Kleingeld in der Prada-Clutch. Das Wichtigste ist für die meisten Frauen ein Kerl.

»Und genau das ist das Problem«, sagt Carla und packt jetzt endlich doch den Pullover aus. »Wer mit über vierzig noch nicht Mr. Right am Start hat, kämpft auf einem dünnen Markt – sagen wir mal: gefühlt dünnen Markt. Und die schlechte Nachricht für alle Heiligenschein-Trägerinnen ist: Gelassenheit hilft hier keineswegs weiter.«

Carla wird jetzt auch ein bisschen selbstgefällig, finde ich, probiert aber wenigstens mal den Pullover an (ich hoffe sehr, dass er passt, sonst muss ich ihn ja wieder zurückschicken). Aber ich stimme ihr zu. Die wenigsten Männer ertragen souveräne Frauen. Carla bringt es treffend auf den Punkt: »Stil und Hirn – *unfuckable* für alle Männer da draußen.« Stimmt. Und der Pullover sitzt wie eine Eins. Immerhin!

Nach Hause fahre ich so, wie das Leute meines Alters eben so tun. Ohne irgendeinen Gedanken zu verschwenden, kurve ich lieber zwanzig Minuten mit dem Auto durch die Stadt, obwohl ich mit der Bahn die Hälfte der Zeit bräuchte. Entscheidend ist allein, dass ich abends lieber Auto als Bahn fahre. Auf mich wartet auch ein verdammt schönes Zuhause, in dem – eine der größten Errungenschaften meines Älterwerdens – kein mühsam eigenhändig aufgebautes Regal von Ikea steht. Und während ich so fahre, denke ich an Carla und ans Älterwerden.

Zu Hause angekommen, steuere ich erst mal auf den Kühlschrank zu. Denn heute warte ich nicht mehr so wie früher, bis noch mindestens einer ein Glas mittrinken will, bevor ich die Flasche aufmache. In der einen Hand das Glas, in der anderen die Flasche, begebe ich mich in mein Cockpit, einen winzigen, eher dunklen Raum im Untergeschoss meiner Wohnung. Es ist der Ort, von dem aus ich meine Welt steuere.

Alles sieht hier aus wie immer, aber etwas ist anders. Etwas in mir. Während ich mir einschenke, spüre ich, wie mein Kampfgeist erwacht. Das Thema hat mich gepackt. Denn ich will mich selbst definieren, frei von allen Schablonen – Ziege, Kuh, Wasweißich. Ich überlege, ob ich mir ein Taxi nehmen und einfach noch mal zu Carla fahren soll. Mit der angebrochenen Proseccoflasche würde ich klingeln und die Frage aller Fragen stellen: Carla, geben wir auf, oder geben wir Gas?

Über vierzig ist ein Zustand, der nicht zu ändern ist und den hoffentlich jeder erlebt. Dieser Zustand ist weder mit Reichtum, herausragender Intelligenz, begnadetem Talent, Willenskraft, immensem Glück noch Berühmtheit zu manipulieren oder gar zu stoppen. Vergleichbar ist er mit schlechter Laune oder den Regenschirm nie dabeizuhaben, wenn man ihn braucht. Dasselbe Muster. Er ist aber weder zu tauschen noch zu verkaufen, nicht zu verdrängen beziehungsweise zu ignorieren (geht nur eine kurze Zeit), abzulehnen (verständliches Verhalten, aber wirkungslos) oder zu hassen (macht leider sofort steinalt). Er ist sehr gerecht.

Akzeptieren wäre vielleicht das Beste, Gesündeste und Intelligenteste. In der Pubertät blieb uns ja auch nichts anderes übrig. Ich denke, es sollte darauf hinauslaufen. Wir brauchen einen Plan. Und wir sollten uns mit Menschen umgeben, die auch einen Plan haben, die Ziele haben, die Ideen haben, die Herz und Humor haben. Alles andere ist so mühsam. Und wir sollten jetzt schon damit anfangen.

Man ist länger tot, als man lebt. Also genießen wir das Leben und erfinden uns neu. Nur bitte nicht verhuscht und ungeschminkt und mit zeltartigen Pullovern durchs Leben marschieren. Wer durchstarten will, darf sich nicht verstecken! Schon gar nicht in irgendwelchen Schubladen. Es gilt das Alter ganz anders anzupacken, und ich will die Pionierin sein.

Denn ich habe jetzt eine Mission. Meine Mission heißt: »Gas geben«. Ich habe die Vorstellung, eine gigantische Vision in die Welt hinaustragen zu dürfen: lauter Frauen über vierzig, die es krachen lassen. Wir sind vierzig plus – und wir starten durch. Wir genießen das Leben und erfinden uns neu. Aber richtig – genau! Inspiration, Neuland und irgendwas Edles. Mein Blick fällt auf den goldenen Füller neben meiner Tastatur. Gold ist edel, denke ich. So edel wie wir Frauen über vierzig. So funkelnd und glitzernd wie wir Goldschnitten. Denn genau das sind wir.

Wir Goldschnitten starten durch, ganz groß. Wir gehen nicht unter! Und wir erschießen uns auch nicht. Wir machen noch mal ein Fass auf und tragen es in die Welt. Nicht kleckern, sondern klotzen, ist unser Motto. *The world is not enough for us!* Sollen die doch alle hochdrehen, wenn wir in ihre Nähe kommen! Wir singen ab sofort bei Liedern auch die Instrumente mit, wir finden unter hundert Männern den

Idioten, unsere High Heels sind höher als mancher IQ. Und wenn wir parken, dann parken wir nicht Mainstream, sondern schief.

Wir suchen immer das Besondere. Aber wir müssen zum Glück nicht allzu weit weg suchen. Denn das Besondere finden wir immer in uns selbst!

Wir Goldschnitten machen nicht nur, was wir wollen. Wir kämpfen auch gegen dieses angepasste Alten-Gehabe, das so manch eine jenseits der vierzig befällt. Oft schleicht es sich so langsam an, dass wir es gar nicht bemerken. Vor allem nicht an uns selbst. Doch dann trifft es einen wie ein Blitzschlag, weil plötzlich alle um einen herum wie besessen mit Dingen beschäftigt sind, über die man in seiner Jugend nur gelacht hätte. Wie bei einer Schafherde, bei der niemand ausscheren darf, geht es scheinbar nur in eine Richtung: in Richtung Altenheim nämlich. Gut, ich übertreibe jetzt etwas. Aber das muss manchmal sein.

Dabei will ich niemanden davon abhalten, die eigene Ernährung plötzlich als Lebensinhalt zu sehen. Und wem Yoga guttut und wer Wochenenden im Wellness-Hotel liebt, der sollte es natürlich weiterhin tun. Und wenn Sie gern batiken, dann bin ich die Letzte, die über Ihr Hobby kichert. Okay, nicht die Allerletzte vielleicht, aber ich würde mir Mühe geben, nicht laut loszuprusten. Was mich aber stört, ist, dass es da neuerdings so einen uncoolen Druck gibt. Dass da auf einmal alle mitmachen. Und dass das alles so wenig Spaß macht. Das Leben ab vierzig sollte doch noch mehr beinhalten als nur sportliche Quälerei und Bio-Essen ohne Salz. Ich finde, das macht uns erst richtig alt. Und es hält uns davon ab, unser volles Goldschnitten-Potenzial zu entfalten.

Deshalb plädiere ich für Vielfalt und Originalität. Ich plädiere für Schrägheit und Wagemut, für Eifer und Feuer und für alles, worauf wir Lust haben.

»Auf uns«, sage ich zu meinem Spiegelbild, das Glas Prosecco erhoben, und jetzt strahlt es doch tatsächlich zurück – einfach so. Goldschnitten glänzen halt. Und ich sehe Sie jetzt neben mir stehen, funkelnd und glitzernd. Gut sehen Sie aus!

Ich rufe uns ein Taxi, das uns noch mal zu Carla fahren wird. Schön, dass Sie dabei sind! Jetzt gilt es nur noch die anderen ins Boot zu holen. In unser Boot, das angemalt ist wie das Cover dieses Buches. Unsere Segel sind pink und mit glitzernden Steinen besetzt. Am Heck flattert unsere goldene Fahne. So ist das nämlich!

Ja, es gilt einige Hindernisse aus dem Weg zu räumen, die uns davon abhalten, unser Leben so zu leben, wie wir es wollen. Auch wenn uns manchmal, wie es scheint, von allen Seiten Steine in den Weg gelegt werden, sind die Hürden in uns selbst, diese unnötigen Barrieren in unseren Köpfen, oft am schwersten wieder wegzukriegen. Aber sie sind wegzukriegen – und das ist entscheidend. Egal, wie rau, stürmisch und wild die Wellen um unser Boot toben: Wir schaffen das! Denn es gibt nichts, was uns Goldschnitten aufhalten kann. Also, geben wir Gas und nehmen Fahrt auf! Aber mit Karacho!

2

Die ersten Schläge haben wir schon eingesteckt

Was der einen Goldschnitte die struppige Augenbraue ist, ist der anderen die jüngere Chefin, die ihr von einem Tag auf den anderen vor die Nase gesetzt wird. Oder plötzlich taucht das Gefühl auf: Alle Kollegen sind jung, nur man selbst ist steinalt. Wieder andere erhalten den ersten Schock, wenn sie von Jugendlichen gesiezt werden, noch andere legen mit Akribie einen Gartenteich an, lieben auf einmal die ehemals verhasste Gartenarbeit und erschrecken sich selbst darüber zu Tode, dass sie das toll finden. Es gibt auch einige, die fangen im Winter wie besessen an, die Vögel zu füttern, hören aber im Frühjahr auch nicht damit auf.

Meine Freundin Ulrike hält tatsächlich die Nachfolgerin ihrer Frauenärztin für nicht kompetent, weil ihr die viel zu jung vorkommt. »Wie soll die sich denn bitte schön mit meiner Vagina auskennen, das junge Ding?«, sagt sie. Das *junge Ding* ist Ende zwanzig und bestens ausgebildet. Ulrike ist übrigens auch die Freundin, die sich ständig wundert, dass es so viele »junge Autoren« gibt, die Bücher schreiben.

Auch meint sie, seitdem sie es nicht mehr schafft, innerhalb von drei Tagen drei Kilos abzunehmen, und sie abends im Internet nachschaut, was am nächsten Tag für Wetter ist, um ja warm genug angezogen zu sein, dass für sie die Sache sowieso gelaufen sei.

Und meine Freundin Penelope weigert sich, Internetformulare auszufüllen, weil sie es erniedrigend findet, dass sie in der Drop-Down-Liste scrollen muss, um ihr Geburtsjahr zu finden. Und zwar lange scrollen! Da gibt es nichts mehr schönzureden, jetzt ist es so weit. Nun verbringt man am besten seine Zeit zu Hause bis zum Sankt Nimmerleinstag, allein vor sich hin schmorend, oder man sucht sich eine Umgebung, die überwiegend Kontakt zu älteren Menschen pflegt.

Wer jetzt nicht aufpasst, bekommt den sogenannten Lauerblick. Dieser Blick tritt in Erscheinung, wenn man irgendwo eingeladen ist oder ausgeht. Statt den Abend zu genießen und Spaß zu haben, checkt man als Erstes das Alter der Leute. Das machen fast alle ab vierzig. Bitte darauf achten. Das grenzt schon an Kopf-Statistik und geht – also, ich schließe mich da nicht aus – ratzfatz. Der Abend ist nur dann gelungen, wenn mindestens die Hälfte der Leute um einen herum die vierzig schon überschritten hat oder so richtig schön alt aussieht. Noch besser ist es, wenn ein kleiner Teil der Gäste wesentlich älter ist. Das ist super! Da fühlt man sich putzjung!

Ganz besonders hart hat es Mia getroffen. Sie ist beim Fernsehen, und gegen das Fernsehen ist die Realität, in der wir anderen leben, ein Ponyhof.

Ich stehe in der Reinigung, an einem Freitag, um endlich meine fünf Pullover abzuholen. Nachdem ich letztens meine gesamten Turnschuhe in der Waschmaschine gewaschen hatte, darunter auch ein Billigpaar mit Glitzersteinchen, tue ich derzeit nur noch Jeans und Handtücher in die Maschine, in der Hoffnung, dass irgendwann diese kleinen Glitzerfetzen verschwunden sind. Genau in dem Moment, in dem ich bezahlen will, klingelt mein Handy.

»Mia, ich ruf gleich zurück, ich bin in der Reinigung«, zische ich ins Telefon.

»Du musst sofort vorbeikommen, es ist wichtig!«, jammert sie.

Ich versuche, mein Geld aus dem Portemonnaie zu nehmen und gleichzeitig das Telefon nicht fallen zu lassen.

»Ich bin in zehn Minuten da.«

»Danke, beeil dich aber!«

Nachdem ich mein Wechselgeld eingesteckt habe, nehme ich die große Tüte an mich und fahre zu Mia. Ich brauche gar nicht zu klingeln, die Tür steht schon offen. Mia wohnt mit Mann und Kindern in einem der schönsten Viertel von Frankfurt, ihr Haus ist riesig. Seit gefühlten hundert Jahren arbeitet sie bei einem kleinen Regionalfernsehsender, dort moderiert sie die Sendung *Wohin in Downtown?*, gibt Tipps und Infos, was man in der City und in der Umgebung unternehmen kann oder welches Restaurant gerade besonders zu empfehlen ist.

Mein Kaffee steht bereits auf dem Tisch, dazu meine Lieblingsplätzchen, die die italienische Haushälterin (also, sie kommt dreimal in der Woche, das ist für mich eine Haushälterin) immer aus ihrer Heimat mitbringen muss. Sie merken: Vom wirtschaftlichen Standpunkt aus gesehen geht's Mia nicht schlecht.

Mia ist eine imposante Frau, das liegt schon an ihrer Größe von 180 Zentimetern, und die Kurven sind an den richtigen Stellen – viel Busen, viel Po, viel Hüfte. Die Haare, pechschwarz, hat sie gerade so lang, dass sie sie noch zu einem

Rattenschwänzchen zusammenbinden kann. Sie ist kaum geschminkt. Der einzige Schmuck sind ihre grünen Augen, die sie, wenn sie will, noch zusätzlich mit grünen Kontaktlinsen »tunt«, wie sie es nennt. Sie trägt ihre älteste Jogginghose, die ausgewaschen und total verbeult ist, Stulpen statt Hausschuhen und einen überdimensional großen Pullover. Wie kann man in diesem Outfit bloß so gut aussehen, denke ich und knalle mich auf die pinkfarbene Ledercouch. Scheinbar sind die restlichen Familienmitglieder geflüchtet, nirgendwo höre ich einen verdächtigen Laut. Meine Freundin schaut mich bedeutungsvoll an, während sie sich mit einem Gucci-Haarband die Haare zusammenbindet.

»Vor dir steht ein Opfer des Jugendwahns, ich bin draußen – ich darf nicht mehr moderieren«, sagt sie, ihre Stimme klingt verzweifelt.

Noch total fasziniert schaue ich auf das Gucci-Haarband und unterdrücke meine Frage, was es gekostet hat.

»Wie, nicht mehr moderieren?«, frage ich belämmert.

»Verstehst du nicht? Ich darf nicht mehr vor die Kamera. Ab nächsten Monat moderiert Jessica meine Sendung. Von der habe ich dir schon erzählt. Ist seit einem halben Jahr bei uns, Mitte zwanzig.« Mia blickt mich an wie ein Erdmännchen, die gucken auch immer so starr und eindringlich.

»Aber die können dir doch gar nicht so schnell kündigen, das ist doch Unsinn!«

»Habe ich was von Kündigung gesagt? Kapierst du denn gar nichts? Ich soll nicht mehr moderieren, nicht mehr mein Gesicht in die Kamera halten, stattdessen mehr redaktionell arbeiten, mehr Ideen reinbringen – hinter der Kamera.«

Gleich springt sie mir an die Kehle, denke ich, während ich Mia intensiv betrachte. »Ach sooooo – na, das hört sich ja doch schon ein bisschen besser an.« Ich merke, ich rede doofes Zeug, und versuche, mich und meinen Mist zu retten. »Zumindest ist das wesentlich besser als eine Kündigung«, sage ich, um Zeit zu gewinnen.

Es kommt gar nicht gut an.

»Ach sooooo«, wiederholt sie wütend. »Was soll das heißen? Es ist doch wohl schlimm genug, wenn man derart brutal«, theatralisch streckt sie die Arme hoch, »gesagt bekommt, dass man den Zuschauern nicht mehr zugemutet werden kann. Ich bin zu alt.«

Ich weiß, was nun folgen wird. Und es folgt prompt.

»Diese Idioten, diese testosterongesteuerten, hirnlosen Deppen, diese hornlosen Böcke, diese Schwachmaten und Hammelviecher …«

Okay. Nun ist aber genug, denke ich. Ehe das jetzt noch Stunden weitergeht, nehme ich Anlauf, um ins zweite Fettnäpfchen zu treten.

»Mia, du machst diesen Job seit elf Jahren! Auch ein Thomas Gottschalk wird irgendwann ganz abtreten, oder ein Karl Moik oder … Wobei, die Birgit Schrowange und die Frauke Ludowig sind auch schon relativ lange dabei …« Ich verstumme. Karl Moik und ebenso die anderen waren wohl schlechte Beispiele.

Meine Freundin geht an den Küchenschrank und holt einen losen Packen Plastiktüten heraus und fängt an, diese ordentlich zu falten. Das ist kein gutes Zeichen. »Haben die gesagt, dass du zu alt bist?«, frage ich.

Sie springt mir fast ins Gesicht. »Du verstehst gar nix, gar nix verstehst du. Das haben die natürlich nicht so direkt gesagt, das kann ich mir selbst zusammenreimen. Es ist doch zum Kotzen alles. Ab vierzig sollte man sich am besten selbst in Rente schicken und einmotten lassen, und dann kann man ja gleich …«

»Jetzt hör aber mal auf mit diesem langweiligen Vortrag, das ist ja furchtbar«, unterbreche ich sie. Tatsächlich wird Mia ruhig. Nun muss getan werden, was eine gute Freundin zu tun hat, nämlich Mia die Prinzessinnenkrone wieder aufsetzen, die ihr gerade vom Kopf gefallen ist. »Mia, mach dich doch nicht gemein mit diesem ganzen Frauen-ab-vierzig-Abstellgleis-Gezetere. Damit bist du keinen Deut besser als der Rest. Das ist so nervig. Du hast den Job lange gemacht, und jetzt ist auch mal gut. Politiker werden sogar nur für vier Jahre gewählt, jeder Vorstand wird nach ein paar Jahren ausgewechselt. Mensch!«

Sie setzt sich mit geradem Rücken auf den Stuhl, und ich fahre fort: »Du hast jetzt ein Wochenende lang Zeit, um das zu verdauen, aber du sprichst am Montag mit deinem Chef, und wehe, du fängst dieses Gespräch dann mit einem Wort wie ›Abstellgleis‹ an, damit stellst du dich dann nämlich eigenhändig drauf. Gib dem Ganzen doch nicht so eine Macht! Du bist Profi. Natürlich kannst du sagen, dass du seine Entscheidung bedauerst – nein, nicht seine Entscheidung. Du sagst, dass du es schade findest, aber nun gern über die neue Aufgabe sprechen willst. Was genau, welche Schwerpunkte – das weißt du besser als ich.«

Mia schweigt weiterhin, aber ihr Gesicht zeigt wieder Farbe. Ich muss sie jetzt nur noch zum Lachen bringen. »Mia«, sage ich eindringlich und dramatisch, »wir sind jetzt im mittleren Alter, also quasi nicht weit bis zum Mittelalter, und von dort geht's ganz schnell zum Mittelmaß, wenn man nicht aufpasst. Und dann kommt die Mittelohrentzündung.«

Sie schmeißt mir ein Kissen an den Kopf. Geht doch!

Nicht zu fassen! Es hat uns erreicht. Volle Breitseite! Wo ich doch hätte schwören können, dass es mich und meine Freundinnen nicht treffen würde. Das glaubt im Übrigen jede Frau, und ich frage mich, welches Gen uns da ins Hirn gepflanzt wurde, dass wir völlig davon überzeugt sind, an der Auseinandersetzung mit dem Alter, am Älterwerden überhaupt, vorbeischlittern zu können. Wenn ich ehrlich bin, so bin ich mir nicht sicher, ob ich nicht früher zu meinen Freundinnen so etwas wie »Frauen über vierzig – gehören eigentlich abgeschafft« gesagt habe … Das habe ich nun davon.

Jetzt könnten wir natürlich darüber klagen, wie wir ab vierzig von anderen eingeschätzt werden. Wir können uns über den Jugendwahn beschweren oder über die Unverschämtheit, dass man danach beurteilt wird, wie lange man sein Gesicht noch in die Kamera halten darf. Aber wir jammern nicht. Wir sind nicht umsonst Goldschnitten.

Wir brauchen keine Ratschläge für Souveränität im Alltag oder entspanntes Altern. Wir brauchen stattdessen eine Liste von Vorteilen, von Dingen, die wir erst ab vierzig genießen können, weil wir sie erst dann verstehen. Hier also unsere goldene Liste. Auf handgeschöpftem Büttenpapier mit goldener Tinte geschrieben und mit einem Spritzer Shalimar besprenkelt:

1. *Wir haben den ersten Donnerhieb hinter uns gebracht, die einen mit mehr, die anderen vielleicht mit etwas weniger Bravour. Und damit sind wir für jeden weiteren Tiefschlag gewappnet.*
2. *Wir wissen, dass jeder vierzig wird, der es jetzt noch nicht ist. So sicher, wie der Tag kommen wird, weil die Nacht geht.*
3. *Die Worte »brillant«, »leicht affektiert«, »selbstverliebt«, vor allem aber »schillernd« sind unser tägliches Brot. Wer glaubt, uns verbannen zu können, nehme sich vor unserem Funkeln in Acht.*

4. *Wir bereuen schon mal gar nichts, was wir getan haben. Erst recht nicht, wenn wir es zum Zeitpunkt des Geschehens wollten. Also bitte!*

5. *Sorry, aber wir finden für jedes Problem eine Lösung. Für jedes. Allein das zu wissen, ist Gold wert. Denn bekanntlich wird am Ende immer alles gut, auch wenn es manchmal ein bisschen dauert.*

6. *Wir lassen in der Umkleide von Boutiquen und Kaufhäusern ab jetzt die Klamotten hängen und bringen sie nicht zurück, um sie ordentlich an die Ständer zu hängen. Wirklich nicht!*

7. *Anspielungen, Andeutungen, Vermutungen, Tratsch und Geschwätz interessieren uns nicht. Wir reagieren nur noch auf klare Ansagen, die direkt an uns gerichtet sind. Damit können wir umgehen.*

8. *Den Satz »Dafür sehen Sie aber noch richtig gut aus« beantworten wir mit: »Ich wäre auch lieber reich als sexy, aber was soll man machen?«*

9. *Und falls einer auf die Idee kommt, uns zu fragen, warum wir immer noch Single sind, dann sagen wir: »Überqualifiziert.«*

10. *Generell gilt: Wir sind zwar keine Indianer, aber wir tragen bunte Federn auf dem Kopf und sind frei wie der Wind. Ist das nicht schön?*

3

Männer sind jetzt wie gute Fakes

Single zu sein ist nicht das Schönste auf der Welt, jedenfalls nicht dann, wenn man es ändern möchte. Man könnte sagen, dass der Männermarkt ab vierzig genauso schwierig ist, wie an gute Fakes heranzukommen. Generell gilt auf dem zweiten Heiratsmarkt dasselbe wie auf dem Arbeitsmarkt: Auch wenn es noch so wenig Männer (Jobs) gibt – Goldschnitten finden immer was!

Meine Freundin Sonja trennte sich von ihrem Mann, weil sie sich selbst verwirklichen wollte. Ihrer Meinung nach war das nur ohne ihn möglich. Tobias störte sie einfach bei allem. Als sie ihm einen nicht richtig sauber gewordenen Teller aus der Spülmaschine hinstellte und ihr das egal war, merkte sie, dass es so nicht weitergehen konnte. Sie wollte wieder anziehen, wozu sie Lust hatte, ohne sich Kommentare anzuhören wie: »Wieso trägst du wieder diese orthopädischen Klumpschuhe?« Sie wollte nach Hause kommen, wann ihr danach war, essen, was ihr schmeckte, und mal wieder mehr für sich machen. Richtig wellnessen zum Beispiel, mit Sauna und dem ganzen Programm. Ganz entspannt, ohne auf die Uhr schauen zu müssen, vielleicht sogar doch Einrad fahren lernen.

Außerdem nervte es sie, dass Tobias nicht kochen konnte, noch nicht einmal Spaghetti aglio e olio, was sie anfangs eher männlich gefunden hatte. Es störte sie immer mehr, dass er nie vor 20 Uhr zu Hause war, weil er schuftete wie ein Pferd. Dass sie letztlich davon profitierte, nämlich beim Kauf der vierten Tasche in einem Jahr und regelmäßigen Shopping-Trips, die er ihr ohne mit der Wimper zu zucken ermöglichte, das war kein Posten in ihrer Rechnung.

Nachdem die Selbstverwirklichung stattgefunden hat, sucht sie jetzt wieder einen Mann. Einen tollen Mann natürlich. Ab und zu hat sie auch wieder Zeit für ein Treffen mit Freundinnen, sprich mit mir.

»Ehrlich gesagt, hatte ich mir meinen zweiten Frühling auch ein bisschen anders vorgestellt«, meint sie etwas theatralisch, als wir in der Mittagspause auf einer Parkbank sitzen, die Kaffeebecher in der Hand. »Ich wollte nicht wie Schneewittchen auf meinen Prinzen warten, sondern ihn selbst finden. Doch anscheinend ist mein Prinz samt Gaul auf dem Weg zu mir in einer Herde mit Büffelrindern stecken geblieben.«

»Aber hast du nicht eben gesagt, dass du *nicht* warten willst? Also los, ab in Richtung Büffelrinder!«

Ich nehme einen Schluck Kaffee.

»Du hast keine Ahnung, was ich schon alles gemacht habe. Es fing an mit einer Ü40-Party. Sogar für eine Ü50-Party war ich mir nicht zu schade. Nicht zu vergessen diverse Dating-Portale. Es läuft einfach nicht. Alle gleichaltrigen Männer sind entweder verheiratet oder hochgradig gestört. Und wenn nicht, dann wollen sie keine Beziehung! Wo finde ich bloß einen Mann?«

Noch ehe ich über die Büffelrinder und den reitenden Prinzen nachdenken kann, sprudelt es weiter aus ihr heraus.

»Jetzt ergreife ich aber noch mal richtig die Initiative, nach dem Motto: ›Amor, gib den Pfeil her, ich mach das jetzt!‹ Erstmals habe ich mir einen Frauenporno bestellt, das soll nämlich meine Chance, Männer zu daten, erhöhen.«

»Einen Frauenporno! Ich schmeiß mich weg. Gibt's das denn überhaupt, Frauenpornos? Heiraten die dann zum Schluss, oder was?«, frage ich.

»Nein, aber die haben wenigstens etwas Handlung.«

»Aber wenn ich was mit Handlung sehen will, dann hole ich mir doch keinen Porno, geschweige denn einen Frauenporno.« Ich verstehe Sonja gerade wirklich nicht.

»Wenn schon Pornos, dann bitte keine Olgas mit Silikonbrüsten, mit zwanzig Zentimeter langen Fingernägeln und Hairextensions aus der Drogerie, sondern schöne Locations, einigermaßen gut synchronisierte Darsteller und …«

»Ja, ja, ist okay. Aber was hat ein Frauenporno mit dem Männerkennenlernen zu tun?« Mir geht immer noch kein Licht auf.

»Meine Ausstrahlung wird eine andere sein, nachdem ich mir das angeschaut habe«, erklärt Sonja. »Ich habe eine größere Anziehungskraft. Auf meiner Stirn steht dann quasi: Ich bin nicht prüde, ich bin nicht verklemmt, ich bin 'ne Granate im Bett, ich gucke Pornos – und bin klug. Klug ist im Übrigen das neue Sexy…«

»Falls das noch jemanden interessiert, bei der Ausstrahlung«, falle ich ihr ins Wort, was sie aber völlig ignoriert, denn unermüdlich referiert sie weiter. »Verstehst du, ich strahle durch einen Frauenporno, den ich mir anschaue, unbewusst Sexappeal aus. Ich bin zwar über vierzig, aber ich bin dann der laufende ein Meter vierundsechzig Sex, ganz ohne Chichi und rote Lippen, ich bin natürlich und hintergründig interessant, und das spüren die Männer. So eine unaufgeregte Sexbombe mit Hirn, die die Netzstümpfe unter ihren Jeans und nicht unter ihrem kurzen Rock trägt.«

Ich bin ja immer für schräge Ideen zu haben, aber ob diese Rechnung aufgeht? Zweifel hatte ich schon, als sie überlegte, gesichert durch ein Seil, ein Hochhaus runterzulaufen. *House Running* nennt man das, eine neudeutsche Action-Sportart für Menschen, die sonst keine Probleme haben oder nicht wissen, was sie noch tun sollen. Sonjas Theorie war damals, dass Männer solche Frauen toll finden. Eine richtige Hammerbraut ohne Angst vor Gefahren.

Gescheitert ist das Projekt daran, dass sie morgens vor Aufregung die Toilette nicht mehr verlassen konnte und das ganze Vorhaben buchstäblich ins Wasser fiel. Tja. Am Ende konnte ich sie überzeugen, dass diese Aktion nicht unbedingt ein Garant für einen Mann gewesen wäre. Video und Fotos hin oder her. Sonst hätten ja Bergsteigerinnen oder Thai-Boxerinnen lebenslange Männer-Garantie.

Sonja hat sich dann doch lieber für einen Kochkurs entschieden statt für die Porno-Ausstrahlung. Nicht schlecht, wie ich finde. Männer finden es immer sexy, wenn Frauen gut aussehen und kochen können.

Sonja ist ja noch Frischling sozusagen, erst im zweiten Jahr Single. Und das ist von enormer Relevanz. Denn je länger man Single ist, desto mehr steigt die Unzufriedenheit, desto häufiger dieser Hetzblick im Gesicht, desto weniger positive Ausstrahlung. Und das riechen die Kerle auf zehn Meter gegen den Wind. Die sind ja nicht mehr frisch aus dem Ei geschlüpft. Negative Ausstrahlung turnt ab. Ein elender Kreislauf. Der darf gar nicht erst eintreten. Noch ist Sonja relativ unbedarft und frohgemut. Und das soll auch so bleiben. Ich möchte ihr die Schema-X-Tabelle ersparen – die fängt nämlich meist nach dem vierten Jahr an: Die Frauen werden professioneller im Dating und dadurch unflexibler und ungeduldiger. Zeit ist Geld. Geld ist kostbar.

Diese Schema-X-Tabelle ist nicht ohne. Still und leise, unmerklich und hinterlistig fräst sie sich ins Hirn. Alter? Wohnort? Kinder? Verheiratet? Getrennt lebend? Geschieden? Du rauchst? Du isst jeden Tag Fleisch? Was machst du beruflich? Ach, du bist bei der Stadt angestellt? Sport ist Mord?

Fällt er da nämlich nur bei einem Punkt durch, ist der Typ abgehakt. Da braucht er gar nicht mehr anzuklingeln. Der ist draußen. Der kommt nicht einmal mehr dazu, zu berichten, dass er aus Zigarettenschachteln die tollsten Kunstwerke kreiert, Gedichte schreibt oder Schlagzeugunterricht gibt. Da können wir ihm leider keine Chance geben. Weil er sich die Chance, die er hatte, mit seiner Aussage: »Ich arbeite bei der Stadt, Meldeamt« leider selbst verbaut hat. Wir haben keine Zeit zu verplempern. Und *wir* wissen, wie die, die auf dem Meldeamt arbeiten, so sind.

Dass er auch noch einen sympathischen Bruder hat, der Single *und* erfolgreicher Unternehmer ist – Mist, das hätte der vom Meldeamt uns ja auch früher erzählen können. Da hätte er ruhig mal einen Hinweis geben können. Dann hätten wir vielleicht doch mit ihm Kontakt gehalten und wären mit ihm eine Pizza essen gegangen.

Hellseherische Fähigkeiten kann man von uns schließlich nicht verlangen. Wir haben genug Stress mit der Sucherei und dem Finden. Gut, dass ein anderer witzig ist und wir bei dem ersten Treffen einen Heidenspaß hatten. Aber diese Brille! Und diese Hose – so was von daneben. Geht gar nicht. Ach, die Eltern sind steinreich? Hat man gar nicht gemerkt.

Ich wollte ihn ja sowieso noch mal anrufen. Vielleicht können wir ja abends noch mal was trinken gehen. Treffen wir uns auf ein Glas Wein? Ja? Das ist schön. Ja, so sind wir. Manchmal. Nein, das ist nicht berechnend oder eigennützig, das ist nur planvoll.

Die Ansprüche, die wir stellen, sind nicht gerade »von schlechten Eltern«. Intelligent, attraktiv, gebildet – so stellen wir uns Mr. Right vor. Natürlich humorvoll und cool, aber nicht bemüht. Zudem sollte er genug Geld haben und mindestens Manager, Chirurg oder Architekt sein – oder ein wenig prominent. Stimmt's? Wir sollten natürlich auch mal kurz darüber nachdenken, was wir zu bieten haben …

Gibt es überhaupt Männer, die unseren Ansprüchen genügen, und könnten die realistischerweise auch an uns interessiert sein? Wenn es auf der ganzen Welt nur drei Männer gibt, die unseren Vorstellungen genügen, dann wird das natürlich nichts. Und sollten wir nicht vielleicht manchmal auch jemandem eine Chance geben, der nicht in unser Raster passt? Nur nach Schema X vorzugehen ist nämlich immer der Garant für Niederlagen.

Die Ansprüche der Goldschnitte an einen Mann sollten nicht höher sein als das, was sie selbst zu bieten hat. Nicht viel höher zumindest. Und die Goldschnitte hat natürlich immer einiges zu bieten.

Wenn Sie also attraktiv, gebildet, Ärztin oder Art Direktorin sind und immer noch keiner angebissen hat, dann nur keine falsche Scheu. Gehen Sie ran an den Speck, und schauen Sie, wer derzeit noch zu haben ist. Hugh Grant, Gerard Butler, George Clooney (soll sich ja wieder mal verlobt haben und bald heiraten, aber was heißt das schon?) und Jack Nicholson sind, glaube ich, irgendwie noch zu haben.

Doch selbstverständlich sollten wir uns auch nicht unter Wert verkaufen. Das braucht man auch mit über vierzig nicht zu tun. Wenn also nichts klappt, alles lahmt und kein Kerl in Sicht ist, sollten wir uns an Jennifer Lopez orientieren. Gut, sie hat sich, während ich dieses Buch schreibe, von ihrem jungen Freund getrennt. Kann aber auch sein, dass sie bei Erscheinen des Buches wieder mit ihm zusammen ist. Ist aber auch egal. Wichtig ist dies: In einem Interview über die Beziehung zu ihrem zwanzig Jahre jüngeren Freund kommen Sätze wie »Natürlich habe ich Zweifel, wie lange das alles noch halten wird« oder »Ja, dieser Altersunterschied hat mir anfangs zu denken gegeben« *nicht* vor. Stattdessen lässt sie, fast nebenbei, eine Bemerkung fallen, die stark und voller Kraft ist: »Ich stelle hohe Ansprüche.«

Ist das nicht genial? Das muss man sich auf der Zunge zergehen lassen. Sie geht nicht auf den Altersunterschied ein, damit befasst sie sich gar nicht erst. Das nenne ich Flughöhe! Aber dann setzt sie noch einen drauf: »Für mich geht es darum, mit einem großartigen Partner durchs Leben zu gehen. Ich habe meine eigenen hohen Ansprüche, was ich von meinem Partner verlange und wie ich behandelt werden möchte.« Schließlich habe sie auch »viel zu bieten«, wie La Lopez meint: »Ich spreche nicht von materiellen Dingen, sondern davon, was ich als Person zu bieten habe – Liebe und Loyalität und all diese Sachen machen für mich eine gute Beziehung aus.« So viel also zu diesem Thema. Großartig! Mich würde es auch nicht wundern, wenn ihr nächster Freund 30 Jahre älter wäre, ehrlich. Bei ihr ist alles möglich, weil sie sich nicht *begrenzt*.

Wir haben viel zu bieten! Genau das ist die Zauberformel. Noch was Interessantes. Irgendwo habe ich gelesen, es gäbe sieben Dinge, die Frauen für Männer unsexy machen. Ich habe die Liste etwas ergänzt. Für mich sind es elf Dinge: Astrologie und Numerologie, Rumgeheule, Heilpraktiker im Dauereinsatz, Ugg-Boots, Quakstimme, Plüschtiere im Bett, immer auf Diät sein, Gelnägel, Ballerinas sowie Haarreifen mit Schleife.

Weiterhin sind elf Dinge zu nennen, die Männer tatsächlich nicht stören, wenn sie sich in eine Frau verliebt haben. Dazu gehören: Astrologie und Numerologie, Rumgeheule, Heilpraktiker im Dauereinsatz, Ugg-Boots, Quakstimme, Plüschtiere im Bett, immer auf Diät sein, Gelnägel, Ballerinas, Haarreifen mit Schleife.

Eigentlich ist alles einfach.

Zehn Dating-Regeln für die Goldschnitte:

1. Man kommt mit zwanzig eher und schneller mit Männern ins Gespräch als mit vierzig. Mit zwanzig ist man aber auch durchschnittlich doppelt so viel unterwegs wie mit vierzig! Ich finde, das beruhigt irgendwie. Wir können gar nicht so viele Männer wie früher treffen – oder wir ändern die Taktik und sind, wie einst, nur noch auf der Piste. Da steigt dann die Wahrscheinlichkeit, Treffer zu landen, sprich: Männer aufzureißen. Aber wer hat dazu schon Lust?

2. Vielleicht sollten wir mal groß denken und uns nicht so klein machen. Man kann ab vierzig noch Männer kennenlernen und sogar heiraten – siehe Cher, Carla Bruni und Jackie Onassis.

3. Auch mit über vierzig gelten noch dieselben Regeln wie mit Mitte zwanzig: Wenn ein Mann sich nach einem Date nicht mehr meldet, dann liegt es nicht daran, dass er sein

Handy im Büro vergessen hat und das Büro zwischenzeitlich abgebrannt ist. Nein. Es liegt auch nicht daran, dass er sich gerade erst getrennt hat oder seine Kinder überraschend krank geworden sind. Nein. Es liegt ebenso wenig an unserer Figur oder an unseren Falten. Nein. Es liegt auch nicht daran, dass Sie ihm einfach zu »stark« sind und er damit überfordert ist, nicht daran, dass er Zeit für sich braucht, weil er so eine tolle Frau wie Sie noch nie kennengelernt hat und von seinen Gefühlen umgehauen wird und erst einmal Ruhe braucht. Nein. Er steht nicht auf Sie! Er findet Sie nicht toll. Das ist doch wohl sein gutes Recht. Ende. Mehr gibt es dazu nicht zu sagen.

3. Und kommt ein Date zustande und wir sind hinterher total verknallt, er aber nicht, dann schieben wir das nicht auf das Alter.

4. Mit dem Satz: »Männer trauen sich nicht, mich anzusprechen!«, belügen wir uns selbst. Ich gehe stark davon aus, dass 80 Prozent der Männer, die eine Frau gut finden, einen Weg finden werden, mit dieser Frau in Kontakt zu treten. Männer, die uns nicht ansprechen, sind an uns nicht interessiert. So einfach ist das.

5. Signale zu setzen erleichtert den Einstieg zum Kennenlernen. Ein T-Shirt mit unserem Namen muss es ja nicht sein (aber warum eigentlich nicht?), doch vielleicht tragen wir einen dunkelroten Rosenring oder haben einen coolen Aufkleber auf unserem Smartphone. Bei solchen Auffälligkeiten können Männer unverkrampft auf uns zugehen und ein Gespräch beginnen. Wir helfen doch gern, wenn wir es denn können.

6. Für Online-Dating-Portale braucht man viel Selbstironie und ein hohes Maß an Toleranz. Ich plädiere immer

noch für die gute alte Kontaktanzeige mit Chiffre. Allein die Umschläge zu öffnen (hoffentlich viele), ist doch unerreicht. Da können E-Mails nicht mithalten.

7. Ü-Sonstwas-Partys gehen überhaupt nicht, möchte man Bekanntschaft mit Männern machen. Allein wegen der Bezeichnung. Also, unseren Stolz haben wir ja wohl noch nicht im Online-Portal abgelegt. Und Clubs oder große Partys sucht man mit über vierzig nicht auf, um Männer kennenzulernen, sondern um Spaß zu haben. Und wenn man das aus diesem Grund macht, kann es sogar sein, dass man dort einen interessanten Mann trifft. Aber nur dann.

8. Generell gilt: Ab vierzig trifft man nachts auf keine Männer – zumindest auf keine, die einem das Auto zum Reifenwechseln in die Werkstatt bringen. Das ist ein Gesetz. Oder wissen Sie von einer Frau, die ihren (brauchbaren!) Mann bei Nacht getroffen hat?

9. Noch ein Punkt: Als Paar hat man immer Leute zum Essen oder zum Quatschen eingeladen. Jetzt, als Single, lädt man niemanden mehr nach Hause ein. Schon gar keine Paare. Gravierender Fehler! Damit nimmt man sich interessante Gespräche, Inspiration und Lebensqualität. Und vielleicht bringt jemand eine richtig coole Socke – sprich: Mann – mit …

10. Und hat man dann einen richtig tollen Mann an der Angel, geht ein paarmal mit ihm aus, ist total verliebt, und dann will der Dödel doch nicht, dann ist das natürlich unschön und traurig. Hier hilft nur der Satz: Wer mich nicht will, muss bekloppt sein.

4

Neid? Wir doch nicht!

Als wäre das, was uns zustößt, nicht manchmal schlimm genug, machen wir uns das Leben auch noch selbst schwer. Indem wir uns beispielsweise ständig vergleichen. Nicht mit irgendwem natürlich, sondern mit denen, die mehr haben als wir. Oder die etwas haben, was wir nicht haben. Dann starren wir neidisch über den Gartenzaun und finden, dass das Gras dort irgendwie grüner ist als bei uns.

Dabei müssen wir schon täglich im Job alles geben, für unsere Kinder und unseren Partner, sofern vorhanden, da sein, uns um Freundinnen, die schwierige Zeiten durchmachen, kümmern, also uns mit wichtigen Dingen beschäftigen und dazu noch unser Leben leben. Trotzdem halsen wir uns oft zusätzliche, ganz überflüssige Probleme auf, indem wir uns ständig mit anderen vergleichen. Das ist aber nichts als eine sinnlose Vergeudung von Ressourcen. Es gibt immer eine, die schöner, reicher oder jünger ist als man selbst. Eine, bei der alles rund läuft, die alles gebacken kriegt, bei der alles funktioniert. Scheinbar.

Ich beispielsweise wäre gern wie Heidi. Ehrlich! Heidi sieht gut aus, Heidi lacht immer, Heidi ist nie übellaunig oder genervt, fällt nie aus der Rolle und lamentiert nicht. Heidi hat dazu noch vier Kinder. Heidi weiß, welche Werte man ihnen zu vermitteln hat, und lebt sie auch vor. Meistens zumindest. Heidi hat eine schöne Figur, einen schönen Busen und lange Finger. Heidi kennt viele Leute. Heidi hat viel Geld, und das auch noch selbst erarbeitet! Heidi kann sich alles kaufen – wenn sie will, fünfzig Chanel-Taschen auf einmal. Heidi bekommt immer den besten Tisch. Heidi hat ein gutes Verhältnis zu ihren Eltern. Heidi trennt sich, wenn sie will, und ist trotzdem nie die Buhfrau, Heidi kennt keinen Liebeskummer, Heidi hat keine Heulkrämpfe. Heidi hat einen Chauffeur, überhaupt kann sie sich alles Personal dieser Welt leisten. Heidi ist nie zu spät, Heidi macht Sport, Heidi ernährt sich gesund, Heidi ist ein Vollprofi, privat und geschäftlich. Ich will das alles auch. Sofort.

Vergleiche ich mich mit Heidi, ziehe ich immer den Kürzeren. Die ist ja ganz weit vorn, wie man so sagt. Allein die vielen, vielen Misserfolge und die Steine, die ihr am Anfang ihrer Karriere in den Weg gelegt wurden … wie sie wieder und wieder betont. Sie hat sich die Hacken wund gelaufen im fernen New York, bei zahlreichen Agenturen wurde sie abgelehnt. Und dann hat sie es so weit nach oben geschafft. Das hole ich nie und nimmer mehr ein, selbst wenn ich mir ein Appartement in New York besorge, mein Englisch aufpeppe und Haus und Hof verlasse.

Die Rennpferdbeine von Nadja kann ich mir ebenfalls abschminken, auch den Schönheitsfleck von Cindy. Wobei, da gäbe es vielleicht noch Möglichkeiten … Wenn ich gerade mal so richtig am Vergleichen bin, nutzt es mir nichts, dass ich, wie ich finde, schöne Handgelenke habe, ein bisschen wie Scarlett O'Hara aus *Vom Winde verweht*.

Auch beruhigt es mich dann nicht, dass ich nicht, so wie Heidi, jeden Tag in ein Flugzeug steigen und peinlichst darauf achten muss, dass meine Tampons nicht aus dem Müll gefischt werden. Es interessiert auch niemanden – niemanden! –, wenn ich ungeschminkt und mit verquollenen Augen durch den Supermarkt laufe. Die Vorteile, die ich habe, wiegen nicht das auf, was Heidi hat.

Meine Freundin Lulu kriegt einen Föhn, wenn ich mit ihr darüber spreche und mal wieder lamentiere, warum die einen so erfolgreich, die anderen aber so normal sind. Warum es Heidi schafft, aus dem Nichts ein Imperium hinzustellen, und ich schon Probleme habe, einen Handwerker richtig zu briefen.

Ich kenne Lulu schon seit meiner Ich-werde-jetzt-Moderatorin-Phase. Ehe ich mich für die ganz großen Shows bewerben wollte, dachte ich, dass es doch ganz sinnvoll sei, erst einmal in so einen Laden – Achtung: Unwort! – »reinzuschnuppern«. Deshalb machte ich ein Praktikum beim Fernsehen – und fand das alles ziemlich ätzend. Zumindest sah ich meine Berufung nicht darin, mit Mikro und Kamera bei Wind und Wetter loszufahren, wenn es irgendwo brannte, um dann vor einem brennenden Gebäude zu stehen und der Menschheit zu erklären, dass es brennt. Das leuchtet mir beim Radio noch einigermaßen ein, beim Fernsehen nicht, doch da wollte ich ja groß rauskommen! Aber nicht so. Nein, ich wollte im Warmen sitzen. Am liebsten rauchend und Cola trinkend in der Maske. Und wenn das rote Licht angeht, Zigarette aus, Cola dem Lakaien geben, hinaus aus der warmen Maske in das noch wärmere Studio und dann noch wichtigere Leute wichtige Dinge fragen oder Nachrichten bewusstlos vom Teleprompter ablesen und dafür viel Geld bekommen.

Um dieses Ziel zu erreichen, hätte ich aber entweder Talent haben müssen (hatte ich nicht) oder die Geduld, in einer Redaktion so lange auszuharren, bis man mich vielleicht mit Ende dreißig für die Spätnachrichten eingesetzt hätte. Geduld hatte ich erst recht nicht.

Doch alles hat ja auch sein Gutes. Und das war in diesem Fall Lulu, die ich durch dieses schreckliche Praktikum kennenlernte. Sie war Cutterin, und ich war beeindruckt, wie man Beiträge manipulieren kann, einfach, indem man die Reihenfolge ändert.

»Hör doch auf, dich mit anderen zu vergleichen. Das macht unzufrieden. Automatisch. Es gibt immer die, die attraktiver oder was weiß ich sind. Dein Gejammer ist wie Diamanten vor die Sau geschmissen«, sagt sie dann.

»Perlen«, erwidere ich.

»Was Perlen?«

»Es heißt: Perlen vor die Säue werfen.«

»Ist doch egal, Diamanten oder Perlen. Mal ehrlich, willst du die Kopie von jemandem sein oder ein Original?«

»Natürlich will ich nicht die Kopie sein. Ich will das Original sein. Aber ich hätte nichts dagegen, würde jemand versuchen, mich zu kopieren. Rein optisch, meine ich. Das innerliche Kopieren würde zu weit führen, und außerdem würde ich ja sehen wollen, dass mich jemand zu kopieren versucht.«

Lulu schaut mich einfach nur an. Kein gutes Zeichen.

Ich fahre fort: »Natürlich will ich lieber das Original sein, um noch mal auf deine Frage zurückzukommen. Das Original, das man versucht zu kopieren, aber nie erreicht. Meinetwegen äußerlich und innerlich. Aber Letzteres nur, wenn man es merkt.«

Lulu blickt mich immer noch an, ohne einen Ton von sich zu geben.

Nun bin ich jedoch nicht mehr zu bremsen mit meiner neuen, fast schon, wie ich finde, leicht philosophischen These. »Ja, das hätte was – wenn die anderen auch merken, dass man mich *versucht* zu kopieren.« Ich fange an, mich hineinzusteigern. »So wie jeder versucht, den Stil von Kate Moss oder Iris Berben (wie sieht die eigentlich jenseits von roten Teppichen aus?) zu kopieren, aber niemand erreicht es. Das fände ich super. Das muss doch ein irres Gefühl sein. Außerdem spreche ich ja nicht davon, dass ich Heidi kopieren will, ich will ja nicht so aussehen wie sie, sondern ich vergleiche mich nur mit ihr. Das ist der Unterschied. Meine Meinung steht fest, und bitte, verwirre mich jetzt nicht mit Tatsachen. Obwohl, die Kopie von Cindy Crawford – also rein optisch – fände ich gar nicht so schlecht.«

»Ich gebe es auf«, seufzt Lulu. »Wie kann man nur Kate Moss, Cindy Crawford *und* Iris Berben auf eine Stufe stellen?«

Aber mal im Ernst. Vergleichen ist wichtig. Nicht umsonst gibt es Dutzende von Magazinen oder Preisvergleichsmaschinen im Internet. Woher würde ich sonst wissen, dass es Frauen gibt, die mit ihrem Aussehen Millionen machen und ich nicht? Dass mein Busen definitiv zu klein ist? Dass Frauen mit ein paar Pfunden mehr sensationell sexy aussehen können? Oder dass sechs Euro für ein Roggenbrot zu viel sind und ein Dior-Lippenstift nicht 75 Euro kosten darf? Würde ich nie vergleichen, würde ich auch nicht merken, dass es über Vierzigjährige gibt, die besser in Schuss sind, als ich es jemals sein werde. Ich wüsste auch nicht, dass rote Strähnchen bei schwarzem Haar meistens nicht gut aussehen und dass Frauen mit Zöpfen einfach immer doof aussehen. Also ist Vergleichen an sich doch eine sehr wichtige Angelegenheit. Vergleichen ist somit richtig und klug.

Es ist gut zu wissen, ja, meinetwegen nicht gerade lebenswichtig, aber doch nützlich, wenn ich weiß, dass eine Birkin-Bag viel, viel mehr kostet, als die teuerste Ledertasche der stylishsten Boutique auf Ibiza jemals kosten wird. Und es ist gesund, wenn ich darüber nicht lamentiere, sondern den Tatsachen ins Auge sehe: Eine Birkin-Bag wird niemals in diesem Leben an meinem schlanken Arm baumeln und meine wunderschönen Handgelenke noch mehr zur Geltung bringen. Es sei denn, ich würde anfangen zu sparen, einen Drittjob annehmen und meine Wohnungseinrichtung bei eBay verkaufen. Das wäre dann absolut in Ordnung und sehr zielorientiert.

Weniger in Ordnung wäre es, wenn ich die Birkin-Bag am Arm meiner Nachbarin baumeln sehe und ihr vor Neid nachts die Autoreifen zersteche oder vor Missgunst ans Schienbein trete. Wirklich. Oder heulen, nörgeln und zetern, wie gut die es hat und ich nicht. Und diesen berühmten Zug um den Mund, den erhält man durch Neid und Missgunst gleich gratis dazu. Gerade ab vierzig! Diesen Zug um meinen wunderbaren Mund, den will ich nicht. Soll die doch mit ihrer Birkin-Bag glücklich werden. Mir wäre sie sowieso viel zu klein. Ich brauche ja Platz. Ich gehe ja arbeiten. Bei mir muss was in die Tasche passen. Ordner, Papiere, Notebook und so. Nicht nur ein Schminktäschchen.

Sich ständig mit anderen zu vergleichen, bringt nichts außer diesem verhärmten Gesicht. Und wer weiß schon, wen Heidi wiederum alles beneidet? Und wer kann schon sagen, ob das, was wir von ihr so mitbekommen, alles ist? Bestimmt gibt es in ihrem Leben Dinge, die gar nicht so toll sind. Und dann wäre sie vielleicht auch lieber eine andere und nicht die Heidi.

Ganz schlimm kann auch der Anblick von jungen, schönen Frauen sein, ich nenne sie mal Junior-Goldschnitten, mit denen man sich gern vergleicht, nur um festzustellen, wie welk man inzwischen geworden ist. Sie sind überall, diese jungen Frauen. In der Bahn, im Restaurant, im Job, im Urlaub, beim Einkaufen. Hier heißt die Devise: »Kopf hoch, Schultern zurück und gerade gehen« – dies ist ebenso im übertragenen Sinne gemeint. Denn wer kennt sie nicht von früher, diese missgünstigen Frauen, die man gern mal »alte Schnepfen« genannt hat, weil man als junger Mensch gespürt hat, dass die einem die Jugend nicht gönnen. Nein, nein. Gleich wegschieben, solche Gedanken. Wirklich richtig schieben, im Geiste.

Das sollte uns nicht allzu schwerfallen, wenn wir einmal an früher zurückdenken, als wir selbst noch Junior-Goldschnitten waren. Haben wir diese älteren Frauen, die schon etwas erreicht hatten, nicht sogar sehr interessiert angeschaut? Wir hatten damals ja auch noch nichts vorzuweisen und haben unsere Jugend doch als gar nichts Besonderes empfunden, sondern als völlig normal. Das waren einfach tolle Frauen für uns. Und wenn wir uns jetzt ganz normal verhalten, werden sie uns nur toll finden. Für ihre Jugend können sie ja nichts.

Konzentrieren wir uns also lieber darauf, wie gut wir sind, wie weit wir gekommen sind, was wir jetzt schon erreicht haben (wenn uns dazu gerade nichts einfällt, dann haben wir ja noch das Alter, das wir erreicht haben – ist ja auch was). Und irgendetwas, worauf sie so richtig stolz sein kann, hat doch jede von uns. Etwas, das ihr bestimmt von anderen geneidet wird. Einen tollen Mann, tolle Kinder, einen tollen Job. Vielleicht sind Sie auch weit gereist oder haben ein wunderbares Talent. Irgendwas gibt es. Da bin ich sehr sicher!

Vor allem dürfen wir nie denken, dass wir weniger wert sind als die Reichen und Berühmten. Und sollten diese Personen denken, sie seien mehr wert, nur weil sie so viel Geld haben, Ruhm und Ehre oder was immer, dann tun sie mir leid. Sehr leid sogar. Das wäre ein schlechter Charakterzug. Ein ganz, ganz schlechter sogar. Dann sind sie wirklich ganz arme Würstchen. Das beruhigt mich irgendwie.

Und manchmal, wenn ich dann so darüber nachdenke, wie Heidi aussieht und was sie alles hat und erreicht hat, dann denke ich, dass Heidi sicher sehr gern mit mir befreundet wäre. Nicht nur auf Heidi trifft das zu, sondern auch auf viele Junior-Goldschnitten, mit denen ich mich ab jetzt aber nicht mehr vergleiche. Weil ich eine coole Socke bin, stark und zuverlässig und dazu noch zuhören kann. Weil ich weiß, dass man sich, wenn man richtig alt ist, nur noch an die Tage erinnern wird, an denen man extrem spät ins Bett gefallen ist, mit Klamotten und geschminkt.

Heidi würde mich schätzen, weil ich einen gesunden Menschenverstand habe und weiß, wie man sich bei Tisch benimmt. Weil ich sehr kreativ bin und eine Bereicherung für jeden. Und ein paar coole Styling-Tipps habe ich ebenfalls, da gäbe es noch einiges zu optimieren. »Pony steht dir nicht so gut,« würde ich ihr sagen. »Und der weiße Kajalstrich auf der Wasserlinie sieht bei dir so nach Siebzigerjahre aus, lass den weg!« Und Tipps, wie man Männer halten könnte, hätte ich auch noch in der Schublade, obwohl: Vielleicht will sie die gar nicht halten.

Ach, ich könnte euch, also Heidi und den Junior-Goldschnitten, eine wirkliche Freundin sein. Wir könnten uns alle zusammen über die Sahnesoße auf dem Schnitzel freuen, und ich würde die Junior-Goldschnitte fragen, ob es Sinn macht, sich die Zähne bleachen zu lassen, nur damit die Lippenstiftfarbe noch besser zur Geltung kommt. Und Heidi könnte sich bei mir ausheulen, wenn sie wieder total down und verzweifelt wäre wegen Kate. Weil sie niemals ein so cooles Image haben wird wie die Moss. Das schafft sie einfach nicht mehr. Die Zeit rennt ihr davon. Sie ist ja, wie gesagt, auch schon über vierzig, die Heidi. Aber das würden wir zusammen durchstehen. Und die Junior-Goldschnitten hätten keine Angst mehr, vierzig zu werden.

Und in mancher Hinsicht habe ich es sogar besser. Denn wenn ich will, kann ich beides haben: Ich bin No-Name über vierzig, und ich bin Promi über vierzig: So kann ich mit verquollenen Augen durch den Supermarkt schlendern oder meine riesige Sonnenbrille aufziehen, und zwar nach 19 Uhr (wichtig!). Einfach die XXL-No-Name-Tasche nehmen, ernstes Gesicht machen, den Kopf dabei leicht gesenkt, ein Gesicht in Eile sozusagen. Und: Nicht schlendern, sondern leicht gehetzter Gang, große Schritte, gerader Rücken und unbedingt den Kaffeebecher mit Manschette in der einen Hand halten … Genau wie auf den Paparazzi-Fotos von Heidi. Egal, woher sie kommt oder wohin sie unterwegs ist, neben dem Kinderwagen schafft sie es immer, irgendwie diesen Kaffeebecher zu halten. Es funktioniert. Glauben Sie mir. Heidi würde kichern, und wir würden uns eine Strategie für ihr Kate-Trauma überlegen. Und

Goldschnitte junior könnte mal wirklich was fürs Leben lernen.

Stil-Ikone bin ich ohnehin, solange dieser Begriff noch nicht geschützt ist – wenn auch nur meine eigene. Und vor allem bin ich ein Original. Ich habe es nämlich nicht nötig, irgendjemanden zu kopieren.

5

Wir pfeifen auf den Bauarbeiter

Ein weiteres Problem, das wir uns gern herbeireden, ist unsere angebliche Unsichtbarkeit. Als hätten wir nicht genug an der Backe! Irgendwann nach Ihrem vierzigsten Geburtstag treten Sie nämlich einem neuen Club bei – ohne es zu wissen natürlich. Es handelt sich um eine heimliche, verschworene Gemeinschaft, die damit beschäftigt ist, allen Frauen so lange vom Phantom »Unsichtbarkeit« zu erzählen, bis auch die Letzte begriffen hat, dass hier etwas Schreckliches lauert. Unsichtbarkeit ist nämlich das große Thema für Frauen ab vierzig! Alle, die nicht wissen, wovon ich rede, und über vierzig sind, bitte per E-Mail bei mir melden (sabina.wachtel@ goldschnitte.net), zwecks gemütlichen Zusammenseins.

Die Problematik ist einfach und kurz erklärt: Gerade die früher angeblich heißen Feger haben ab vierzig gegen eine plötzliche Unsichtbarkeit zu kämpfen. Während ihnen die Männer einst in Scharen hinterherliefen, ja, sie selbst angeblich sogar in einem Kartoffelsack noch eine gute Figur gemacht hatten, werden sie nun auf einmal übersehen. Als Mitarbeiterin, Gesprächs- oder gar Flirtpartnerin geraten sie mehr und mehr in den Hintergrund und sind für Jüngere häufig nicht mehr vorhanden. Man schaut einfach durch sie hindurch.

Das heißt im Klartext, dass diese Frauen jetzt – was sie scheinbar vorher nicht konnten – unbehelligt durch die Straßen gehen und ihre Einkäufe erledigen können, ohne angestarrt oder gar angesprochen zu werden. Das ist doch Verrat an der Frau!, schreien da einige. Was sollen wir denn noch alles ertragen! Und wie wir Frauen nun einmal so sind, beziehen wir dieses Unsichtbarkeitsgefühl nicht auf unsere Kollegin oder Nachbarin, nicht auf die Nail-Artistin, die Ernährungsberaterin oder gar die Kosmetikerin, sondern natürlich nur auf die Männer.

Ich fand mich bis dato noch nicht unsichtbar, nur älter, das hat mir gereicht. Dennoch beschäftigte mich das Phänomen »Unsichtbarkeit« danach so sehr, dass ich es gegoogelt habe – eigentlich nur, um sicherzugehen, dass der Drehbuchautor das Thema völlig überzogen hat. Überzogen? Keineswegs. Eher untertrieben, wenn man von den ganzen Foren ausgeht, die ich zum Thema »Unsichtbarkeit« im Internet fand. In diesen Foren versammeln sich Betroffene und diskutieren Fragen wie: »Wie ist es denn, wenn du als Frau von vierzig plus allein verreist oder an der Hotelbar sitzt, wie fühlt sich das in einer Konferenz an? Wie ist es, wenn du deinen Koffer in den Zug schleppst und sich niemand darum schert, wenn du dich für eine begehrte Position im Beruf bewirbst, wohl wissend, dass sich sonst nur Fünfunddreißigjährige darum bemühen?«

Eine Frau schrieb: »Leute, ich muss euch was fragen: Ein Bekannter meinte kürzlich zu mir, dass ich nun auch schon in der ›unsichtbaren‹ Phase sei. Er erklärte mir, dass sei so ab Ende dreißig. Egal, wie man aussieht, Männer nehmen einen gar nicht mehr wahr und sehen durch einen hindurch. Nach dem Motto: ›Die ist eh schon zu alt, da lohnt es sich nicht mehr.‹ Habt ihr dazu 'ne Meinung?«

Andere wiederum berichteten von erschütternden Erlebnissen beim Einkauf mit ihren Töchtern, bei denen nur die Tochter angeschaut wurde, sie selbst aber wurden völlig ignoriert. Eine Gebeutelte schilderte, wie bei einem Abendessen in einem Restaurant die Tochter und deren Freundin von zwei jungen Männern beflirtet wurden, während sie als Mutter völlig außen vor war. Sie wäre sich so was von überflüssig, alt und uninteressant vorgekommen!

Scheinbar war dieser Mutter kurzzeitig das Hirn abhanden gekommen, sonst hätte sie vielleicht einmal darüber nachgedacht, dass es sich um zwei junge Männer handelte, die natürlich vorrangig an zwei jungen Frauen Gefallen finden. Nicht aber an einer doppelt so alten Schrapnelle! Kann es sein, dass wir Frauen manchmal etwas über das Ziel hinausschießen? Selbst wir Goldschnitten? Auf jeden Fall schießen wir uns mit solchen Gedanken und Äußerungen selbst ins Knie. Also, wenn von Ihnen früher jemand verlangt hätte, mit dem neuen Typen, den Sie gerade kennengelernt haben, und dessen Mutter auszugehen – den hätten Sie doch achtfach auf den Mond geschossen, samt Mutter.

Eine andere Leidtragende schilderte ihre Erfahrung mit einem Kollegen: Auf einer Veranstaltung saß sie in der ersten Reihe zwischen zwei jungen und hübschen Kolleginnen, da steuerte ein Mann auf sie zu, um dann die beiden Jüngeren mit Handschlag zu begrüßen, von ihr aber nahm er keine Notiz. Und dabei kannte sie diesen Mann auch privat seit vielen Jahren, und sie erwähnte in ihrem Bericht noch, dass sie sich einer zickigen Bemerkung ihm gegenüber nicht enthalten konnte. Zu Recht! Nur würde ich das nicht dem Phänomen Unsichtbarkeit zuordnen, sondern extrem schlechten Manieren. Mehr wäre da aus meiner Sicht nicht zu sagen. Keinen weiteren Gedanken würde ich darauf noch verschwenden.

Und dann gab es viele Betroffene, die gern über Strategien diskutierten, wie wir Frauen auf Dauer dem Ausgeblendetwerden begegnen können. Dazu folgender Tipp von mir: roter Lippenstift und ein ordentlicher Haarschnitt tun Wunder!

Okay, wir bekommen Falten, gut, wir werden dicker, die Haut wird welk und schlaff, die Wangen sacken nach unten, aber trotzdem – Unsichtbarkeit haben wir nicht verdient. Aber eine Berufsgruppe hat es noch weniger verdient, dass sie beim Thema Unsichtbarkeit immer herhalten muss: die Gruppe der pfeifenden Bauarbeiter! Oder der »Olala!« rufenden Bauarbeiter! Sie lesen richtig. Wenn ein Bauarbeiter bei einer vorbeigehenden Frau nicht mehr pfeift, ruft oder schnalzt, auch dann – oder gerade dann – scheint es sich um einen klaren Fall von Unsichtbarkeit zu handeln. Ganz viele Frauen vermissen nämlich auf einmal das Pfeifen von Bauarbeitern und machen daran ihre Unsichtbarkeit fest. Schluss mit lustig. Ende mit Pfiffen, aus die Maus mit »Olala«, nie mehr ein wohlklingendes »Schönäää Frrau«! Das Leben kann grausam sein. Der lebendige Tod!

Ein »Olala!« von einem verschwitzten Bauarbeiter, der vielleicht gerade einen Schacht verlegt, hat bei Frauen um die vierzig anscheinend den gleichen Stellenwert wie ein Date mit George Clooney. Wie tief sind wir denn gesunken? Ich kann mich an keine Freundin erinnern, die mir früher freudig erzählt hätte: »Herrlich! Mir hat gerade ein Bauarbeiter hintergebrüllt: ›Geilen Arsch hast du!‹« Oder: »Ich bin gerade in die Bahn gestiegen, da haben mir zwei Bauarbeiter ganz laut hinterhergepfiffen, Mann, war das toll.«

Kann es sein, dass wir uns hier ein Problem an den Haaren herbeiziehen? Die Logik ist doch so: Wenn man als Frau um die zwanzig ist, stehen einem nun mal bei den Männern theoretisch alle Altersgruppen zur Verfügung. Vom Zwanzig- über den Dreißig-/Vierzigjährigen bis hin zum Sechzig- oder gar Siebzigjährigen. Egal wie alt, man könnte alle zum Partner haben – also jetzt mal übertrieben. Natürlich will nicht jeder Sechzigjährige eine Zwanzigjährige zur Partnerin. Schon gar nicht träumen die meisten jungen Frauen von alten Männern.

Als junge Frau hat man also eine sehr große Pfeif-Zielgruppe, die man erreicht oder vermeintlich erreichen kann. Wird man aber älter, dann verkleinert sich diese Zielgruppe zwangsläufig. Bleiben wir beim Baugewerbe: Nur zwanzig Prozent der Bauarbeitnehmer, somit jeder Fünfte, ist überhaupt in der Lage, den Beruf bis zum fünfundsechzigsten Lebensjahr auszuüben. Was das für uns heißt? Das fragen Sie noch? Das heißt, dass in der Mehrzahl jüngere Männer vom Gerüst pfeifen. Und ein zwanzigjähriger Arbeiter pfeift ja noch nicht einmal Sharon Stone hinterher!

Die zwanzig Prozent, die in unsere Zielgruppe fallen, verhalten sich dann auch nicht unbedingt wie nachpubertäre Zwanzigjährige. Und dann kommt noch dazu, dass wir ab vierzig auch anders herumlaufen. Diejenigen, die mit zwanzig nicht mal ungeschminkt den Müll rausgebracht oder dem Briefträger die Tür aufgemacht haben, gehen heutzutage ungerührt in der Jogginghose aus dem Haus. Man braucht nur ein bisschen gesunden Menschenverstand, um sich das Ganze zu erklären. Ungesunden Menschenverstand nennt man dagegen das: Wenn über Vierzigjährige erwarten, dass ihnen Zwanzigjährige hinterherpfeifen. Ach was, das ist nicht nur ungesunder Menschenverstand, das ist uncool! Aber so sind wir Frauen manchmal: ungerecht und abhängig vom Baugewerbe.

Was uns trösten kann, ist, dass es noch viel schlimmer wäre, wenn das den Männern passieren würde. Geradezu verblüfft wären die, dass die zwanzigjährigen Frauen sich für sie und ihren Bierbauch nicht mehr so richtig interessieren. Denn wenn sie nicht gerade Onassis sind, dann ergeht es ihnen ganz genauso wie uns!

Wie lösen wir Goldschnitten das Problem also? Hier mein Vorschlag: Wir ersetzen das Wort »Unsichtbarkeit« zukünftig einfach durch »Fokusverlagerung auf kleinere Zielgruppen«. Ja, genau so machen wir es! Jedes unerschwingliche, aber gerade dadurch so begehrte Luxusprodukt hat auch nur eine kleine Zielgruppe. Kleine Zielgruppe bedeutet demzufolge nicht unbedingt: schlechte Zielgruppe! Ganz im Gegenteil!

Nicht umsonst werben Nobelprodukte nur in ganz bestimmten Magazinen, an ganz bestimmten Orten. Nur dort erreichen sie die begrenzte, aber sehr exklusive Zielgruppe. Obwohl sie, wie an Luxushotels zu sehen ist, der Traum vieler Menschen sind. Daran sollten, ja, müssen wir uns ein Beispiel nehmen. Wir machen uns selbst zu einer Marke, wir zelebrieren unseren Stil. Wir haben vielleicht nicht die Augen von Liz Taylor oder die Kurven von Kim Kardashian, dafür aber andere Merkmale, die wir zwar nicht immer mögen, die wir aber tunlichst kultivieren sollten. Wir sind unverwechselbar.

Klar ist auch: Eine Top-Marke mit kleiner Zielgruppe darf

keine Kompromisse eingehen. Also nicht heulen, zetern, jammern, sondern definitiv durchhalten und schön kultivieren! Und dann werden Sie plötzlich gar nicht mehr übersehen, sondern haben ganz andere Probleme, weil Sie sich die Kerle nicht mehr vom Hals halten können, wenn Sie eigentlich in Ruhe ein Buch lesen wollen.

6

Unsere Miniröcke bekommt niemand

Wie sieht es bei Ihnen aus? Haben die Sie schon am Wickel? Mit »die« meine ich die Kleiderpolizei, die ihre Patrouillen überall hat, um uns unsere liebsten Stücke aus dem Schrank zu reißen. Hat man Sie schon dieser Gehirnwäsche unterzogen, dass wir uns ab vierzig unserem Alter gemäß kleiden müssen, oder tragen Sie noch, was Sie wollen? Machen Sie schon einen großen Bogen um alles, an dem das Schild »Bitte nicht anfassen und über vierzig keinesfalls tragen« steht, oder greifen Sie dann erst recht zu?

Ich hoffe sehr, dass Letzteres der Fall ist. Denn allzu viele Goldschnitten verschenken an dieser Stelle ihr Potenzial, indem sie sich einreden lassen, jetzt wären nur noch warme Erdtöne und höchstmögliche Unauffälligkeit angesagt.

»Boah, siehst du gut aus!«, sagt Lulu, als wir uns auf einen Kaffee treffen.

»Danke.«

Irgendwie gefällt es mir, dass Lulu jetzt neidisch an meinem Outfit herunterschaut. Das kommt selten vor. Normalerweise ist es umgekehrt. Lulu hat nämlich so ein bisschen Ähnlichkeit mit Christine Neubauer. Dieser Vergleich macht sie jedes Mal rasend, wobei ich finde, es gibt Schlimmeres. Sie hat wahrlich keinen Grund, auf irgendetwas neidisch zu sein.

»Finde ich auch«, füge ich nach meinem »Danke« hinzu. »Diese Kombination habe ich mir ehrlich gesagt abgeguckt.« Ich grinse, ich kann mir die Reaktion schon vorstellen, wenn ich das jetzt sage – was ich auch prompt tue: »Ich bekomme immer die alten Zeitschriften von meiner Nichte. *Bravo*, *Mädchen* oder wie diese Pubertätsblätter heißen. Da war diese Kombination gezeigt, also nicht ganz so, aber in die Richtung gehend. Wäre gar nicht auf die Idee gekommen, dass man einen Rock mit Turnschuhen tragen kann.«

»Du liest die *Bravo*?« Lulu fällt fast vom Stuhl vor Lachen.

»Nein, Quatsch – oder ja, wie du's nimmst. Seit meine Nichte so Zeugs liest, blättere ich die auch mal durch. Da kann man sich wirklich Tipps holen. Du weißt doch, ich bin Zeitschriften-Junkie.« Die Gelegenheit scheint mir nun günstig für eine Empfehlung an Lulu: »Du solltest auch mal wieder ein bisschen Gas geben.«

Sie schaut an sich herunter und macht den Eindruck, als würde sie sich die Sachen am liebsten auf der Stelle vom Leib reißen. Ich kann mir auch nur schwer vorstellen, dass sie sich in dem rostbraunen Twinset wohlfühlt. »Ja, stimmt, heute ist nicht mein Tag«, erklärt Lulu, »aber jeder hat ja mal einen schlechten Tag.«

»Das meine ich nicht. Diese komische schwarze Stoffhose zu dem rostbraunen Twinset, das ist nicht dein Ding, dieser So-sehen-erwachsene-Frauen-aus-Look, der passt nicht zu dir. Und dein Dutt hängt heute auch total unmotiviert, sieht von hinten aus, als hättest du einen Penis mit Haaren überzogen.«

»Igitt. Du bist ja eklig.« Sie greift in ihre Haare und ver-
zieht das Gesicht. »Stimmt. Komische Form, sozusagen völlig von der Rolle. Am liebsten würde ich mich gerade komplett ausziehen und die Klamotten auf den Müll schmeißen.«

»Na ja, jetzt übertreibst du. Sooo schlimm ist es ja auch
nicht. Ich denke mal, es gibt einige, die wären froh, so auszusehen wie du, trotz Penis-Dutt. Der Dutt hat sich aus Soli-
darität an dein Outfit angepasst.« Ich muss doch grinsen,
obwohl ich es nicht vorhatte. »Ihr seid eins. Wenn du ver-
suchst, erwachsener zu wirken, als du bist, wirst du damit
nicht nur erreichen, dass du nicht mehr wie zwanzig aus-
siehst, sondern dich auch gleich wie, sagen wir mal, neunzig
fühlst.« Ich hole Luft und bin selbst erstaunt über diesen
messerscharfen Satz.

Warum denken erwachsene Menschen, dass sie nicht
mehr anziehen dürfen, was sie wollen? Eine Goldschnitte
wie Lulu im braunen Twinset, da sieht man schon auf eine
Entfernung von hundert Metern, dass sie sich gerade fühlt,
als hätte sie ihre Klamotten verkehrt herum an. Ich kann
mich noch an Zeiten erinnern, da hätte Lulu mit so einem
Twinset den Boden gewischt. Dieser Look, das ist sie einfach nicht.

Lulu versucht eine Erklärung: »Das kommt daher, dass
ich letztens im Wartezimmer beim Zahnarzt diesen Artikel
›Drei Outfits zum selben Thema für jedes Alter‹ gelesen
habe. Darin ging es um ein Outfit für die Zwanzigjährigen,
eines für die Dreißigjährigen, eines für die Vierzigjährigen –
und dieser Beitrag ist an dem ganzen Elend schuld, da bin
ich wohl ins Schleudern gekommen. Die Zwanzigjährigen
trugen zur Jeans so ein Sweatshirt, so ein riesiges, das war
toll«, fügt sie sehnsüchtig hinzu. »Die Dreißigjährigen durf-

ten noch einen Oversized-Pullover anhaben, allerdings in Wolle, sah auch schick aus, und die Vierzigjährigen steckte man in so ein Twinset, allerdings in Cognacfarben. Wenn ich es mir genau überlege, hat mir das Sweatshirt am besten gefallen.«

Wahrscheinlich können und dürfen Frauen ab vierzig wirklich nicht mehr tragen, was sie wollen, wenn es nach den Frauenmagazinen geht. Ich würde Lulu empfehlen, die Zeitschriften im Wartezimmer liegen zu lassen und stattdessen Klassiker der Weltliteratur zu lesen. Genau. Das sollte sie tun, und mit ihr all die über Vierzigjährigen, die glauben, sich irgendwelchen unsinnigen Stildiktaten unterwerfen zu müssen. Für den Einstieg empfehle ich *Verbrechen und Strafe* von Dostojewski.

Nicht nur Lulu lässt sich von der Kleiderpolizei beeinflussen. Erst kürzlich habe ich meine ehemalige Klassenkameradin Helena getroffen und konnte kaum glauben, wie sie sich verwandelt hatte. Ich – was heißt ich, ALLE fanden sie früher ganz toll. Alle, und ich besonders, wollten mit ihr befreundet sein. Sie leider nicht mit mir. Helena machte ihrem Namen alle Ehre, sie war die Schönste der Klasse, sie hatte die besten Noten, und die Jungs waren wild nach ihr. Jeder wollte sie im Sportunterricht in seiner Mannschaft haben. Und das ist ja eigentlich das Größte. Ich hatte wirklich ein Helena-Trauma. Was habe ich wegen ihr gelitten! Sie konnte ja nichts dafür, aber trotzdem.

Und jetzt? Ich war geschockt. Das ist doch nicht die Helena von früher?, dachte ich bei unserer Begegnung. Wir werden ja alle nicht jünger, aber dass sie sich jetzt mit Mitte vierzig schon so aufgegeben hatte, hätte ich nie vermutet. Man erkannte das sofort an ihrer praktischen Daunenjacke, ihrer

Brax-Jeans und ihrer kleinen braunen Handtasche. Die Daunenjacke war zwar noch lindgrün, würde aber, in spätestens sechs Jahren, erst vom blassen Kakigrün und dann vom trostlosen Beige abgelöst werden. Fade und durchorganisiert, mit praktischem Rucksack natürlich, würde sie das Alter angehen.

Mein Helena-Trauma war natürlich wie weggeblasen. Dafür mache ich mir jetzt Sorgen um Lulu. Geht es so los?, frage ich mich. Erst das braune Twinset, als Nächstes die Kreppsohlen unter den Schuhen? Und wenn man dann nicht aufpasst, bestellt man bald im Café sein erstes Kännchen Kaffee Hag?

»Allein dieses rostige Braun«, sage ich zu Lulu. »Das überträgt sich ja schon direkt auf dein Gesicht.«

»Rostig?«

»Nee, traurig. Das geht doch gar nicht!«

»Jetzt übertreibst du aber.«

Lulu unternimmt einen Versuch, etwas von ihrer neuen Lebenseinstellung und dem damit verbundenen Äußeren zu retten. Das kommt mir gerade recht. Ich gerate in Fahrt. »Übertreiben? Sorry, wir alle machen ja einigen Mist mit, ich kenne mich sogar schon mit den verschiedenen Weinsorten aus, erstes Indiz fürs Älterwerden – aber bei den Klamotten«, ich hole Luft, »bei den Klamotten, da hört's auf! Im Alter soll Beige das neue Schwarz sein, und dann ist es nur noch ein Katzensprung zum beigen Anorak und den Gesundheitsschuhen. Ich kenne diese Artikel, davon bekomme ich jedes Mal Hautausschlag. Dir kann ich nur empfehlen: Nicht mehr lesen. Hat ja katastrophale Folgen, wie man sieht.«

Ich schaue Lulu an und habe fast ein bisschen Mitleid.

»Und vor allem: Kennste einen, kennste alle. Erst zeigen sie die Zwanzigjährige im Minirock, die Dreißigjährige trägt den Rock bis zum Knie und die Vierzigjährige einen flotten Hosenanzug.« Ich lehne mich zurück und finde mich selbst sehr überzeugend. »Wie mich das langweilt!«

Eine Kunstpause scheint mir angemessen, um die Wirkung zu steigern. Dann fahre ich fort: »Hör mal. Ich konnte mit zwanzig kurze Röcke tragen und habe mich wohlgefühlt und tue es auch noch mit siebenundvierzig. Abgesehen davon habe ich echte Hammerbeine!« Zum Beweis positioniere ich ein Bein besonders vorteilhaft neben dem Tisch. »Aber was ich von meiner Nichte gelernt habe: Transparente schwarze Nylons machen meine Beine viel schlanker und länger als die blickdichten. In denen kann man in jedem Alter Rock tragen. Und du«, ich erinnere Lulu an das Verbrechen, das sie einst begangen hat, »du hast dich damals, als ich das Praktikum machte, in diesem Rundhalspullover so unwohl gefühlt. Weißt du noch, wie wir dagesessen haben und du an dem Ausschnitt so lange herumgezogen hast, bis die Naht gerissen ist? Wir haben uns fast in die Hosen gemacht vor Lachen. Also, die Wahrscheinlichkeit ist groß, dass du dich mit paarundvierzig darin auch nicht besonders mögen wirst. Logisch? Logisch! Das hat nichts mit dem Alter zu tun. Das wird ja heutzutage alles gern verwechselt und verrührt.«

Ich gerate noch mehr in Fahrt: »Und überhaupt – gerade die Redakteurinnen solcher Zeitungen, in denen dieser Quatsch steht, gerade die tragen die geilsten Outfits. Die würden gar nicht mehr auf ihren Stühlen sitzen in solch langweiligen Klamotten, die sie für ihre Leser vorschlagen. Lass dir doch nicht so was einreden! Ist mir ja letztens schon aufgefallen, da warst du auch so intolerant. Ich erinnere dich an dieses Sweatshirt von mir …«

Lulu unterbricht mich, bevor ich weiter ausholen kann: »Jaaaaa – ich weiß es. Ich habe überheblich« – in diesem Moment ziehe ich meine Augenbraue hoch, extra – »und jaaaaaaaa, auch intolerant reagiert, als du in diesem pinken Teil ankamst.« (Anmerkung der Autorin: Es war ein pinkfarbenes Sweatshirt mit der Aufschrift *I only trust in me*.) Ich selbst fand das Sweatshirt natürlich auch total daneben, aber eben schon wieder so daneben, dass ich es gut fand. Und generell finde ich auch, dass man sich nicht ständig so ernst nehmen muss. Manchmal kann man ruhig auch mal so uncool sein, dass es schon wieder cool ist. Aber da war Lulu wohl schon in ihrem Ich-bin-eine-Frau-ich-weiß-was-im-Alter-angemessen-ist-Wahn und konnte nicht darüber lachen. Jedenfalls meinte sie, dass dieses Shirt wohl ein wenig albern für mein Alter sei.

Ich schaue Lulu im Twinset an, und mir fällt auf, dass wir oft über Klamotten sprechen, wenn wir uns treffen. Zuletzt eben, als ich dieses pinkfarbene Sweatshirt vehement gegen Lulus Missfallen verteidigen musste. Ich habe das Gefühl, dahinter steckt eine Aussage, die mit Kleidern gar nichts zu tun hat.

»Schau«, setze ich noch einmal an, »mein Outfit war damals vielleicht nicht gerade typisch für eine Frau Mitte vierzig, so ein Sweatshirt ist ja nicht das, was man gemeinhin stilvoll nennt. Aber was heißt überhaupt stilvoll? Wer entscheidet das? Das Shirt war schweineteuer, sehr gute Qualität, es sitzt wie angegossen, und ich trug es« – Lulu versucht etwas zu sagen, ich lasse mich aber nicht davon beirren – »unter meinem aber so was von teuren Blazer. Und noch was, nicht zu vergessen: Ich bin ein älter werdender, stilvoller Charakter und kultiviere meine Ecken und Kanten. Immerhin habe ich welche. Und das kann weiß Gott nicht jeder von sich behaupten.«

Und dann überrascht mich Lulu. Sie hebt ihr langweiliges, ödes, elegantes, teures Kaschmir-Twinset hoch, um mir ihr neuestes T-Shirt zu zeigen, ein gefetztes Etwas mit zerfranstem Bund und angerautem Stoff in Knallrot.

Ich bin ehrlich erleichtert. »Ist das schööööön, ja, das ist dein Ding, los, wir zahlen. Das will ich auch! Sofort!«

Für mich kaufen wir auch so ein gefetztes rotes und für sie endlich das weiße T-Shirt, mit dem sie schon seit Längerem liebäugelt, aber das sie sich wegen eines Zahnarztbesuchs bisher nicht zu erwerben traute. Aufdruck: *Tanzt, ihr Nutten, die Königin hat Laune!* Ja. Das ist mal ein Statement!

Lulu ist wieder in der Spur. Sie hatte nur kurz einen Abstecher in das Gefilde gemacht, das uns Frauen ab vierzig wirklich überall freundlich empfohlen wird. Freundlich, aber bestimmt heißt es da: dem Alter entsprechend rüberkommen, eher dezent als auffällig. Angemessen eben. Wie schrecklich! Diese Klugscheißerei mit erhobenem Zeigefinger von allen Seiten und von jedem zu hören oder zu lesen, was man ab vierzig darf oder nicht mehr darf, geht scheinbar an niemandem spurlos vorbei.

Als gern genommen und für gut befunden gelten bei der Kleiderpolizei: Blazer, Polo, Twinset, knielange Röcke, dunkle Jeans und schlichte Pumps mit kleinem Absatz. Cowboystiefel sind grenzwertig und eigentlich zu jugendlich, Boots nicht ladylike. Nicht angemessen ab vierzig sind zum Beispiel Ripp-Shirts, Lederhosen, Lederröcke (ganz böse), Jeans mit Löchern, und seien sie noch so winzig. Generell werden

Nieten abgelehnt, straff am Körper sitzende Shirts oder zu enge Pullover. Wenn T-Shirts, dann bitte nur unifarben, ohne Aufdruck, höchstens mit Label. Wir Ausgegrenzten haben auch Farbverbot – bis auf die sogenannten Weichzeichner-Farben: Sand, Oliv und Rosé, die sich der (alternden) Haut anpassen. Orange und Pink gehören selbstverständlich an keinen Körper über vierzig. Knallfarben, Glitzer oder Rüschen passen partout nicht mehr zu uns. Dass wir das aber auch nicht verstehen wollen! Da hat man einfach Nein zu sagen. Nur Kaschmir und Seide dürfen wir tragen, bloß nicht auffallen!

Ja, wir ab vierzig dürfen fast gar nichts mehr. Die Schuhe dürfen wir nicht zu hoch und auch die Hosen nicht zu eng tragen; Chucks dürfen nicht knallgelb sein, und die alte Lederjacke ist auch etwas zu jugendlich.

Nicht nur, dass sie uns für den Alltag den giftgrünen Parka mit Katzenaugen, das riesige Sweatshirt mit ausgefranstem Saum, die roten Boots und natürlich die Tanktops am liebsten wegreißen würden – selbst im Urlaub gibt es neuerdings immer mehr Empfehlungen. Am Strand sollen wir eine umschmeichelnde Tunika tragen, sobald wir uns zwei Schritte von der Sonnenliege entfernen. Ins Wasser dürfen wir, wenn überhaupt, nur noch im Badeanzug. Einen Bikini im Alter von über vierzig zu tragen, verbietet die Kleiderpolizei. Passionierten Bikiniträgerinnen bleibt ab vierzig nichts anderes übrig, als in ein Land wie Brasilien auszuwandern, wo man mit Badeanzug am Strand richtiggehend angestarrt wird, weil man das dort gar nicht kennt. Vermutlich halten die Brasilianer einen Badeanzug für eine Art Burka.

Ab vierzig stehen wir vor dem Spiegel wie aus dem Wasser

gestiegene Nilpferde. Jetzt sollen wir nämlich schauen, dass wir noch etwas Positives an uns finden, und wenn wir das dann gefunden haben, dann sollen wir es »rausarbeiten« – ja, so habe ich es öfter gelesen. Rausarbeiten. Aber wir müssen gar nichts extra rausarbeiten. Wir haben das im Blut, wir wissen um unsere Vorteile, und die werden von uns auch gnadenlos in Szene gesetzt. Das ist doch das A und O. Bei der einen sind es das Dekolleté und der Busen, bei der anderen die langen Beine oder der tolle Hintern, bei der Nächsten der Schwanenhals und die langen Arme.

Abgesehen davon: Wer mit zwanzig schon grelle Farben geliebt hat, der weiß auch, wie grell ab vierzig funktioniert. Genau! Auch tragen wir die kurzen Röcke weiter, wenn uns danach ist. Wir tragen lange Haare, Shorts und Boots und zeigen uns – vielleicht nicht alles gleichzeitig, aber wenn doch, dann machen wir das bewusst und ohne mit der Wimper zu zucken und lassen die anderen reden. Natürlich werden wir keine nackten Beine zeigen, wenn es nicht gut aussieht. Natürlich achten wir darauf, wie wir von hinten aussehen und dass wir keine Röllchen am Rücken preisgeben.

Und ja, wir haben Zweifel und sind tagesformabhängig. Was heute gut aussieht, kann unter Umständen morgen nicht funktionieren. Aber das Problem hat man bereits ab vierzehn. Nur füllt man damit keine Frauenmagazine. Dieses dauernde Herumgeeiere, was geht, was geht nicht, darf ich noch, darf ich nicht, ich würde ja gern, aber ich soll ja nicht – das ist pure Zeitvergeudung.

Ich konnte schon mit zwanzig Jahren keine flachen Sandalen oder Neongrün tragen. Das hatte aber nichts mit meinem Alter zu tun. Alter – was war das? Ich habe mich darin nicht wohlgefühlt, meine Beine fand ich zu kurz, meine

Füße zu breit, meinen Busen zu klein, meinen Hintern zu dick oder was weiß ich. Jetzt wird alles aufs Alter geschoben.

Zwischenzeitlich habe ich mir schon überlegt, eine Schublade nur für meine Alters-No-Gos anzuschaffen. Da gehört dann alles rein, was draußen nicht mehr geht. Vom Ripp-Shirt bis zu den Jeans-Shorts. Aber das habe ich dann kurzerhand gelassen. So weit kommt's noch!

Es ist schon ungeheuerlich, wie man sich doch beeinflussen lässt von der Kleiderpolizei, die festlegt, was man ab vierzig zu tragen hat. Selbst Lulu hat sich, wenn auch nur kurz, buchstäblich in Arrest nehmen lassen. Unglaublich. Aber die Kleiderpolizei wird von Lulu und mir jetzt einfach freundlich gegrüßt, mit der Bitte, uns ein für alle Mal freizulassen.

Es ist und bleibt nämlich definitiv die Sache jeder einzelnen Goldschnitte, wie sie das handhabt. Ich bin und bleibe hier der Maßstab für mich. Wenn ich kein Problem damit habe, meine Oberarme zu zeigen, die seit Jahren von keiner Hantel mehr trainiert wurden, wer sollte dann bitte schön Probleme damit haben? Wenn ich meine, unbedingt High Heels anziehen zu müssen, weil ich finde, dass das bombastisch aussieht, obwohl ich darin nicht annähernd zehn Meter geradeaus laufen kann, dann werde ich das tun. Vielleicht bleibe ich in meinen High Heels auch einfach nur sitzen und erledige große Strecken barfuß. Mir wird schon was einfallen. Viele dieser vermeintlichen Regeln, zum Beispiel bei untrainierten Armen keine Tops zu tragen oder, wenn man nicht in hohen Schuhen laufen kann, sie konsequent sein zu lassen, könnte man auch unter Vierzigjährigen empfehlen. Wie auch immer: Ich mache das, was ich will. So einfach ist das.

Ich rate sehr dazu, Frauen, die man gut findet, im Internet zu googeln, besonders wenn man sich gerade steinalt, schlecht

oder falsch angezogen, deplatziert oder einfach nur kümmer-
lich und miserabel alt vorkommt. Das hilft, weil es inspiriert.
Sicher, diese Frauen sind meist Promis, aber dafür können
sie ja nichts. Ich hole mir, was ich brauche, und diese Frauen
liefern!

Manchmal ist es Kate Moss, und zwar dann, wenn ich eine
Bestätigung brauche, dass meine derben Boots und bequemen Hängerchen im Hochsommer am Strand noch richtig spektakulär aussehen können. An Sarah Jessica Parker
kommt man auch nicht vorbei. Von ihr lernt man, dass die
Schönheit immer im Auge des Betrachters liegt. Aber auch,
dass man ohne volle Lippen, große Augen oder Stupsnase
hinreißend wirken und somit sämtliche Schönheitsideale in
Grund und Boden stampfen kann. Wenn man will! Patricia
Field, die Stylistin aus *Sex and the City*, 1941 (!) geboren, ist
ein eigenes Kunstwerk. Mit ihren knallroten langen (!) Haaren, ihrem wilden Look, mit ihrer Kreativität ist sie optisch
vielleicht nicht jedermanns Geschmack – aber sie ist inspirierend und vor allem eines nicht: Mittelmaß. Sie »liefert«
immer, wenn ich mich steinalt fühle und am liebsten nur mit
Bettlaken über dem Kopf aus dem Haus gehen würde. Ga-
briele Strehle, die Designerin, und Charlotte Rampling, die
Schauspielerin, schaue ich mir dann an, wenn ich das Gefühl
habe, keinen Stil zu haben, und mit dem Alter nicht umgehen kann. Die beiden wirken auf mich so, als ob sie mit
Leichtigkeit und ›mal eben so‹ älter werden – ohne dabei an
Attraktivität und Präsenz zu verlieren. Das gilt auch für Hannelore Elsner, die mit ihrer divenhaften Attitüde und ihrer
(manchmal nervenden) Erotik so weit weg ist vom langweiligen und staubigen Altwerden. Das macht mir Hoffnung
für die nächsten dreißig Jahre. Wir können von ihrer Gestik

lernen. Sensationell! Dann wäre da noch Linda Rodin, weit über sechzig, Model, Stylistin, Erfinderin des Kult-Gesichts-öls »Rodin Olio Lusso«. Ihre Erscheinung ist so auffallend und absolut besonders, aber zugleich voller Anmut und mit einer gehörigen Portion Humor. Der Beweis für mich: Man kann älter werden und sehr interessant aussehen. Man kann älter werden und sich von der Masse abheben, wenn man möchte. Mehr davon! So wie Iris Apfel, 1921 geboren, eine Stil-Ikone, die erst im Rentenalter (!) so richtig groß rauskam. Sie muss dran glauben, wenn ich einen Anflug von Panik bekomme, dass es in zwanzig Jahren sicherlich kein einziges Kleidungsstück mehr gibt, das ich tragen kann und darf. Dann schaue ich auf Iris, deren Markenzeichen gigantische Brillen und total verrückte Klamotten sind. Riesige Armreifen, auffallende Ketten. Man kann sich nicht sattsehen an ihrer Kleidung, den verschiedenen Mustern, Farben und Stoffen, die sie gekonnt mixt. Jeans und Pelz, billig und teuer verwegen kombiniert. Verrückt, aber niemals daneben. Und dann rechne ich wieder und wieder ihr Geburtsdatum nach und hoffe, dass ich mir mindestens eine Scheibe davon abschneiden werde.

Dass Goldschnitten auch außerhalb der Mode- und Promiwelt existieren, zeigen uns Frauen wie Michelle Obama, die sich nicht ausreden lässt, ihre Oberarme zu zeigen, oder IWF-Chefin Christine Lagarde, die sich mit silbernen Haaren und Eleganz erfrischend von den sie umgebenden Anzügen abhebt.

Alle diese Frauen inspirieren. Ach, es gibt viele, die ich sensationell finde. Diese Frauen, wenn ich sie mir so ansehe, bringen mich in Gang, geben mir Auftrieb und aktivieren meinen Kampfgeist, halten mich in der Spur. Nämlich dann, wenn ich anfange zu zweifeln. Wenn ich vor dem Spiegel stehe und mich mit verkniffenem Mund frage, ob ich das denn jetzt noch tragen kann. Und wenn in diesem Augenblick auch noch mit Tatütata die Kleiderpolizei in Gestalt einer jungen Verkäuferin um die Ecke biegt und so was sagt wie: »Also, wenn Sie sich darin wohlfühlen«, und damit meint: »Ich würde mich nicht mehr darin wohlfühlen, wenn ich so alt wäre wie Sie«, dann ist es Zeit, mal wieder an Iris Apfel zu denken. Oder meinetwegen auch an Carla Bruni.

Wir alle zweifeln mal, aber machen Sie dann auf keinen Fall schlapp. Hier ist Widerstand angesagt! Besser mal danebengegriffen, als den beigen Hosenanzug zu kaufen. Das halten Sie sich bitte immer vor Augen.

Und bei den Promi-Impulsen geht es natürlich nicht darum, ob Sarah Jessica Parker gut aussieht, sondern ob ihr Outfit zu uns passen, unsere Persönlichkeit unterstreichen würde, uns inspiriert. Genauso wenig wie wir »Geht nicht mehr«-Diktate dulden, sollten wir uns nämlich Trends aufdrücken lassen, die nicht zu uns passen. Alles mitzumachen, nur weil es modern ist, das brauchen wir auch nicht.

Ich trage, wozu ich Lust habe. All das erfordert sicherlich manchmal Mut. Aber Mut kann man lernen. Ich habe, mehr so für mich selbst, ein paar kleine Übungen entwickelt. Wir beginnen mit Sätzen wie: »Ich liebe Pelz!« Die fortgeschrittene Variante könnte zum Beispiel heißen: »Ich habe Achselhaare!« Dazu dann das Shirt mit dem Aufdruck: »*Shut up! I wear heels bigger than your …!*« Und das unter einem Smoking. Sensationell! Wenn Sie das hinkriegen, dann können Sie auch Ihren Bikini wieder hervorkramen.

Machen Sie sich nicht permanent Sorgen über das, was geht oder was nicht geht – machen Sie es doch einfach! Wichtig ist, dass Sie Manieren haben, gepflegt aussehen, gut riechen und einen klugen Kopf auf dem Hals sitzen haben. Und eines gilt es niemals zu vergessen: Wahre Eleganz drückt sich nicht in Schuhen von Valentino aus, sondern in dem Respekt, mit dem Sie anderen Menschen begegnen – auch dem Kellner, dem Kollegen, der Toilettenfrau, dem Kassierer. Mit diesen Worten setze ich meinen Heiligenschein wieder ab.

7

Bitte keinen Dotterkopf!

Nicht nur die Kleiderpolizei kommt uns mit Vorschriften. Mit ihr im Bunde ist die Friseurliga. Sie verfolgt eine mindestens ebenso gnadenlose Agenda: Sie will, dass wir alle genau gleich aussehen. Und zwar wie Ute-Henriette Ohoven. Sich mit den Friseuren anzulegen ähnelt manchmal einem Kampf gegen Windmühlenflügel. Doch auch der muss geführt werden.

Weil ich mich hier richtig anlegen will, muss ich die Dinge auf den folgenden Seiten etwas zuspitzen. Sie und ich kennen uns ja inzwischen recht gut. Sie wissen, dass ich rede, wie mir der Schnabel gewachsen ist. Und gerade bei diesem wichtigen Thema muss einmal alles auf den Tisch, müssen die Dinge glasklar beim Namen genannt werden. Ich hoffe also, dass Sie nicht gleich mit einem empörten »Nö, also so reden Sie nicht mit mir, Frau Wachtel« das Buch zuklappen, sondern sich meine Argumente einmal anhören.

Sehr entspannt sitze ich also neulich im *Grünen Hannes*, weil es in diesem Restaurant die besten Schnitzel gibt, und warte auf meine Freundin Susanne – nein, sorry, sie nennt sich jetzt Susann. Das findet sie für sich und ihr Alter (dreiundvierzig) angebrachter. Susanne höre sich so altjüngferlich an, meinte sie einmal.

Die Tür geht auf, und ich sehe ein frei laufendes, blasses Eidotter eintreten. Ich bin immer noch entspannt, warte weiter auf Susann. Aber huch, was jetzt? Der Dotterkopf kommt an meinen Tisch, schmeißt seinen Mantel auf den Stuhl und setzt sich mir gegenüber. Entsetzt starre ich ihn an. Ich kann nicht umhin und muss feststellen: Der Dotterkopf ist Susann.

Sie blickt mich triumphierend an, dann sagt sie: »Ich hab dir doch erzählt, dass ich letzte Woche in Berlin war.« Sie macht eine erwartungsvolle Pause, Applaus heischend, als wäre sie Hand in Hand mit Herrn Wowereit durchs Brandenburger Tor geschlendert. Und weil ich nicht reagiere, fährt sie fort: »Und da habe ich mir gedacht, ich gönne mir mal was und gehe zum besten Friseur der Stadt, dem Promifriseur, du weißt schon. Wir haben dann herausgefunden, dass ich mit Blond besser rüberkomme ...«

»Weicher! Stimmt's?«, falle ich ihr ins Wort. »Flotter?«

»Genau! Das hat der Promifriseur genau so gesagt. Ab einem bestimmten Alter mogelt ein Blond ein paar Jahre weg und lässt einen viel jü...«

Ich kann sie nicht ausreden lassen. »Sicher, Susann, und Marilyn Monroe war bei ihrem Tod dreiundneunzig, wirkte aber viel jünger! Lady Gaga ist bereits hundertvier, man denkt aber, sie sei erst sechsundfünfzig!«

So langsam komme ich in Fahrt, denn wenn mir etwas so richtig gegen den Strich geht, dann ist es die Haarfarbe von Ute Ohoven, also Susanns jetzt, und all der anderen Damen, die jünger aussehen wollen und auf ihre Friseure gehört haben. »Anti-Aging durch Haarfarbe. Färben statt Beauty-OP. Das Ute-Ohoven-Blond, es lebe hoch!«

Ich lehne mich erschöpft zurück, habe ich doch alles gegeben.

Susann schmollt: »Du musst das gerade sagen, du mit deinem grauen Haaransatz. Dann doch lieber Ute Ohoven!«

Ich, ehemals Rasseweib mit dunklen Haaren und scheinbar schon wieder grauem Haaransatz, bin getroffen und lenke ein: »Komm, lass uns das größte Schnitzel auf der Karte bestellen.« Damit ist das Thema erst einmal beiseitegeschoben. Aber nicht erledigt, nicht für mich! Zumindest so lange nicht, bis Susann wieder in den Club der Brünetten eintritt.

Nicht, dass wir uns missverstehen. Ich bin weder der Meinung, dass Grau das bessere Blond ist, noch habe ich etwas gegen Blond. Doch dass Blond angeblich jung, dunkelhaarig dagegen alt macht, halte ich für ein Märchen. Auch wenn noch so viele Frauen ab vierzig blond werden wollen.

Und sollten Sie immer noch nicht wissen, was ich mit dem Dotterkopfblond meine, dann schauen Sie sich mal um. Und dazu müssen Sie nicht einmal den Fernseher anschalten, der mittlerweile voll von Dotterköpfen ist. Gehen Sie zum Bäcker, in den Supermarkt, besuchen Sie Einkaufsmeilen, Ämter und Behörden oder mittelmäßige In-Locations. Der Dotterkopf ist inzwischen überall, zudem leicht erkennbar: natürlich an der Haarfarbe, nämlich so gelb wie der Dotter von einem richtig gut ernährten Landhuhn, so kräftig gelblich orange. Ich denke an den Namen Carmen. Carmen Geiss, Carmen Nebel, alternativ Veronica Ferres – die hatte das mal extrem.

Dieses Dottergelb ist oftmals verbunden mit kinn- beziehungsweise schulterlangen Haaren, frech und frisch gestuft. Einstiegsalter vierzig, meist vollbusig. Fragen Sie mich nicht, warum. Es gibt doch wirklich genug Blondtöne: Kupferblond, reines Blond, Beigeblond, Naturblond, sonniges Blond, facettenreiches Blond, Lichtblond, Hellblond, Aschblond, Perlblond, Lichthellblond, Eisblond, Spiegelglanzblond (ja, das gibt es wirklich), um nur einige zu nennen. Mir ist schleierhaft, wieso die Frauen, die sich ab vierzig entscheiden, zu erblonden, in den meisten Fällen dieses Dottergelb haben.

Ich nenne diese Farbe gern Altenblond – eine Farbmischung, die jeder Wald- und Wiesenfriseur draufhaben muss, um seine Zulassung nicht zu verlieren. Egal, welchen Friseur man auf dieses Altenblond anspricht, jeder weiß sofort, was gemeint ist. Erst ein zustimmendes Nicken – und dann streiten es natürlich (!) alle ab, jemals solch eine Farbmischung überhaupt in die Farbschälchen gelassen zu haben. »Ich bitte Sie! Bei miiiiir im Laden gibt's so was nicht.« Aber die Wahrheit ist, dass alle Friseure diese Horrorfarbe kennen und genau wissen, wie sie gemischt wird. Klar! Hinterhältig wie sie sind, knallen sie sie brutal auf unsere armen grauen oder dunkelhaarigen Köpfe. »Die Farbe wird super, wird Ihnen richtig gut stehen!«

Jetzt würde ich gern damit angeben, dass das Thema »Blond macht jünger« an mir vorübergezogen ist wie die Schwalbe am Himmel, zumal ich, wie gesagt, dunkelhaarig bin. Aber ganz so ist es nicht. Leider. Mittlerweile bin nämlich auch ich gar nicht mehr dunkelhaarig, sondern theoretisch grau wie eine Katze, schrecklich!

Ich kämpfe nicht gegen Fluglärm, ich kämpfe gegen Grau. Ja, ich bin die Kriegerin ohne grauen Haaransatz. Für mich heißt das: Naturbelassen ist nun mal in unserem Alter oft die kleine Schwester von unkultiviert. Sie merken also: Ich stehe nicht zu Grau. Ich hasse Grau. Genau aus diesem Grund kommt mir kein Panther ins Haus. Ich könnte es nicht ertragen, wenn er grau wird.

Ich war in einer Zwickmühle. Auf der einen Seite war ich wie Tausende andere empfänglich für dieses: »Blonder macht jünger, blonder macht besser, blonder macht den Tag!« Auf der anderen Seite hatte ich oft genau gesehen, was bei Blond auf den Ü40-Köpfen herauskommt.

Und manch ein Friseur soll seiner Kundin sogar das Gehirn wegblondiert haben. Auch davor hatte ich Bammel. Ich entschied mich für die goldene Mitte – somit waren Strähnen in Blond das Höchste der Gefühle. Mein Friseur war entzückt. Wieder eine ins Netz gegangen! Er dachte wohl, wenn er mich schon nicht davon überzeugen konnte, dass mir Stufen oder kürzere Haare besser stünden (er meint eigentlich: mich jünger machen), dann solle ich doch wenigstens blonder werden. Natürlich wollte ich nicht komplett erblonden. Ich heiße ja nicht Linda Evangelista, der jede Farbe steht. Ich wollte eigentlich nur ein wenig heller, also natürliche Strähnchen, sodass es auf dem Kopf wieder irgendwie frisch und jugendlich (uaahhh!) aussieht.

Sie merken schon: Ich konnte mich nicht richtig entschließen, wollte aber alles. Und das Ergebnis? Na ja. Jedenfalls hat man es kaum gesehen. Denn natürlich hatte ich dem Friseur, wie einfallsreich, vorher gesagt: »Aber nicht, dass es so künstlich aussieht, es soll ganz natürlich wirken, man soll's gar nicht merken.«

Das, wenn ich das hier mal sagen darf, ist wieder so was Spezielles von uns Frauen, dass immer alles ganz natürlich aussehen soll, als hätte man gar nichts gemacht. Wie die Brust-OP. Jeder soll es sehen, keiner soll es merken. In diesem Fall bekam ich gleich die Quittung: 150 Euro für Nichts-Sehen.

Toll! Das Blond hätte höchstens noch ein Professor der Chemie feststellen können.

Die hat sich doch gedrückt, denken Sie jetzt vielleicht. Und ja, ich gebe es zu. Etwas hat mich davon abgehalten, den letzten Schritt über den blonden Abgrund zu tun. Ich bin halbherzig vorgegangen, doch mich selbst erblondet zu sehen, ist auch gar nicht nötig. Jeden Tag spazieren die in den Straßen an mir vorbei, sitzen im Café am Nachbartisch oder reden aus dem Fernseher heraus mit mir. Und einmal dachte ich beim Bäcker tatsächlich, Ute Ohoven würde vor mir in der Schlange stehen.

Das Altenblond, das ja eigentlich jünger machen soll, verleiht Frauen eine gewisse Geschlechtslosigkeit. Vielleicht deswegen, weil da jemand mit dem Zaunpfahl winkt. Da will eine partout jünger aussehen, und sie ruft ihrer Umgebung zu: »Seht her, ich bin noch nicht alt, meine Gesichtszüge sind doch weich, ich krieg noch was hin und noch einen ab, ich bin happy!«

Ich sag's mal so: Das geht daneben, garantiert. Erstens hat dieses Blond jede, und zweitens: Stellen Sie sich die Blondine aller Blondinen, Marilyn Monroe, mal mit Dotterkopf vor! Niemals hätte es das gegeben. Marilyn hatte ein richtiges Blond, wahrscheinlich Platin oder Spiegelglanz. Sie hätte sich die Haare eher noch blau färben lassen als in diesem Dottergelb, da bin ich mir sicher. Blau hat wenigstens keiner. Damit kämpft man dann, einsam, aber individuell, in einer Liga für sich. Und es sieht um Klassen besser aus als dieser Dotterkopf.

Das Drama mit den Haaren fängt bei der Farbe aber erst an, und man gerät leicht in eine Endlosschleife. Denn hat man einmal gemerkt, dass das mit dem Blondsein doch nicht so der Brüller ist, und versucht es einfach mal mit einem Ton heller, so hat man gleich das nächste Problem am Kopf. Frauen ab vierzig werden nämlich nicht nur das Altenblond, sondern auch diese frechen Kurzhaarschnitte eingeredet, bei denen die Fransen schön weich und sanft fallen. Das soll ideal für uns Aussätzige ab vierzig sein.

Das heißt für mich: Jedes Mal, wenn ich meinen Ansatz färben lassen will, und zwar nur den und nur in meinem Braunton, den ich schon mit zwanzig (!) hatte, muss ich gleichzeitig und sehr vehement dem »Kurz und Frech« Paroli bieten! Denn: So wie alle Friseure, Hairstylisten oder Artisten (je nach Preisklasse) bestreiten, das Altenblond überhaupt zu kennen, so raten sie mir – durch die Blume, wie sie meinen –, meine langen Haare abzuschneiden. Nein, sie sagen nicht abschneiden. Sie sagen »anpassen«. Anpassen an was? An meine Turnschuhe, an meine Handtasche, an mein Auto?

Ja, ja, Fransen machen frech, Wellen machen jung, Blond macht jünger, und der Pony ist quasi einem Lifting gleichzusetzen. Sorry, aber finden Sie Kate Moss mit Pony schön? Oder Naomi Campbell? Die beiden sind nämlich der beste Beweis, dass selbst die Schönsten der Schönen nicht unbedingt Pony tragen sollten. Gut, Naomi könnte eine ausgehöhlte Melone auf dem Kopf tragen und sähe super aus, und natürlich sieht sie mit Pony immer noch tausendfach schöner aus als die meisten anderen. Aber dennoch: Optimal ist ein Pony auch an ihr nicht.

»Ich will nicht aussehen wie alle – denn auszusehen wie alle macht alt.« So ist es nämlich. Genau das sage ich dann! Das habe ich auswendig gelernt und trage es jedem Friseur vor, der mir mit einem frechen Kurzhaarschnitt kommt. Dann werfe ich empört meine dünnen, aber langen ansatzbraungefärbten Haare nach hinten und rausche aus dem Salon.

Allerdings verfolgen die Friseure einen klaren Plan und lassen sich von meinen Einwänden kein bisschen aus der Bahn werfen. Denn die haben scheinbar nichts anderes auf dem Zettel, als uns über Vierzigjährigen die Haare auf *angemessen* zu trimmen, und was angemessen ist, scheinen die ja zu wissen. Sozusagen die Master of Angemessenheit im Alter! Auf jeden Fall heißt angemessen bei denen: Alle ab vierzig sollen gleich aussehen und die gleiche Farbe haben! Wozu haben sie denn schließlich an der fünftägigen Spezial-Weiterbildungsmaßnahme teilgenommen und sich zum Master of Color qualifiziert? Jedenfalls nicht, damit die Kundin es besser weiß als der Master! Immerhin geht es um Farbkonzepte und die psychologische Wirkung von Haarfarben. Deshalb wissen sie ja, was mir steht – und was nicht.

Wenn ihnen dann aber klar ist, dass sie mir weder einen flotten Kurzhaarschnitt noch freche Fransen noch einen kessen Bob verpassen können und ich weder das Altenblond noch Strähnchen will (ich will nur meine scheißgrauen Haare weghaben!), dann setzen sie ihre letzte Waffe ein! Ich nenne sie den Weichzeichner-Dolch! Bei mir kommt nämlich noch obendrauf, dass ich meine nicht blond gefärbten und nicht kurz geschnittenen Haare meistens zurückgebunden als Dutt oder als Pferdeschwanz trage. Böse! Ganz böse! Ein Dorn im Auge des Master-of-the-Hair. Gleich heißt es: »Dann lassen Sie doch Ihre Haare mal offen, das sieht viel weicher aus. Ich föhne Ihnen die so richtig toll.«

Aber wissen Sie was? Das mache ich nicht mit. Beim Friseur föhne ich konsequent selbst, weil ich es nicht ertragen kann, dass ich es hinterher nicht mehr so hinbekomme wie der. So weich halt. Mir geht dieses Weiche auf die Nerven. Da bin ich ganz hart.

Ach, übrigens: Meinen Lieblingssatz für den Meister spare ich noch auf, bis ich um die siebzig Jahre alt bin und er mich wieder mit seinen Vorschlägen traktiert: »Mister Master, nur damit Sie Bescheid wissen: Ich lasse meine Haare lang, ist mir sch…egal, und wenn sie mir wie Pferdehaare über den Hintern klatschen!«

Das sag ich dann.

Wenn Sie wirklich erblonden wollen, weil Sie meinen, das mache jünger oder damit würden Sie sich wohler fühlen, dann schneiden Sie Fotos von Dolly Parton aus oder von Heino und Hannelore und sagen Sie dem Friseur: »Solch eine Farbe auf keinen Fall.«

Wir müssen uns weiterhin damit abfinden, dass man ab einem gewissen Alter entweder zu dem eigenen Grau steht oder alle drei Wochen den Ansatz färbt. Das ist zweifellos eine kostspielige Angelegenheit, aber man kann das ja auch selbst machen. Ab und zu wenigstens.

Was können Sie tun, wenn der Schadensfall schon eingetreten ist? Mit der Farbe wird es wahrscheinlich schneller gehen als mit dem Nachwachsen. Doch auch, wenn Sie einfach wieder vom Dotterkopf umsteigen wollen, vielleicht auf Ihre ursprüngliche Haarfarbe, müssen Sie natürlich erst mal Ihren Friseur überzeugen. Das wird hart! Aber geben Sie nicht auf! Verzweifeln Sie auch nicht, wenn es nicht gleich beim ersten Anlauf klappt. Die sind gewieft, die Schlawiner!

Es gibt im Übrigen keine Frisur, die jünger macht – das geht nicht. Jünger werden wir weder durch einen Haarschnitt noch durch eine Haarfarbe und erst recht nicht über die Haarlänge. Wir könnten aber Bomben-Ausstrahlungsmonster werden. Könnten. Wenn wir uns nicht einreden lassen, dass wir einen praktischen Kurzhaarschnitt brauchen oder altersgerecht frisiert sein sollten. Machen Sie es, wie Sie wollen. Lang, kurz, wellig, glatt, neue Farbe, andere Farbe. Aber bitte, bitte tun Sie eines nicht: Tragen Sie niemals zwei Zöpfe. Hier hört die Freundschaft auf.

8

Außer unserer Beauty managen wir alles

Und es geht gnadenlos weiter. Die Verunsicherung der Gold-schnitte in Hinblick auf ihre Schönheit wird auch schon von anderen ausgenutzt. Die Schönheitsindustrie ist ja auch bei Jüngeren immer am Zug. Doch mit zwanzig haben wir noch gelacht, wenn man uns die Augencreme-Pröbchen in die Hand gedrückt hat, damit wir rechtzeitig vorbeugen. Bei unserer Zielgruppe, die sowieso schon verunsichert ist, fallen solche Ratschläge auf einen viel fruchtbareren Boden. Jetzt will man uns nämlich »Beautymanagement« verkaufen, als hätten gerade wir nicht genug zu managen!

Wie die so ticken, wurde mir erst richtig klar, als ich ohne Begleitung zu einer Filmpreisverleihung ging. Ursprünglich wollte ich gar nicht hingehen wegen der fehlenden zweiten Karte. Ich selbst bin nicht gerade meine Traumbegleitung. Allein bedeutet nämlich auch, allein über den roten Teppich zu gehen. Und es bedeutet, allein herumzustehen und so zu tun, als mache es einem nichts aus. Lediglich die Hoffnung, Helge Schneider zu treffen, gab mir den nötigen Auftrieb, um zur Filmpreisverleihung zu gehen. Helge Schneider sollte in der Stadt sein, und ich bin sein größter Fan. Ach, was heißt

Fan? Wir sind seelenverwandt. Aber das gehört jetzt nicht hierher, zumal er das noch gar nicht weiß. So stehe ich jetzt erwartungsgemäß allein herum und hoffe, dass er nichts Besseres vorhat und auf dieser Veranstaltung aufschlägt. Wo sollte er sich denn sonst herumtreiben?

Während ich einen heimlichen Last-Minute-Kurs in Souveränität absolviere – nein, ich brauche keine Begleitung, ich werde ja wohl in meinem Alter auch mal allein zu einem abendlichen Event gehen und Spaß haben können –, stehe ich leicht verkrampft an der Bar und schaue so, als suche ich jemanden. Ich finde natürlich niemanden, suche ja auch keinen, außer Helge, der natürlich nicht da ist. Toll. Wenn man mal einen braucht, ist keiner da!

Nervös haue ich mit dem Ellenbogen ein Glas um. Das Glas gehört einer Frau, und jetzt weiß ich, dass alles im Leben seinen Sinn hat. Was für eine Granate von Frau! Wäre ich ein Mann, würde ich jetzt alles auffahren, was ich habe. »Mein Haus, mein Auto, mein …« Sie wissen schon.

Sollte ich diese Frau beschreiben, dann würde ich sagen: auf den ersten Blick ein männermordendes Gesamtkunstwerk. Vom Scheitel bis zur Sohle – aber besonders vom Scheitel bis zum Dekolleté – alles top. Das Gesicht ist ebenmäßig, auf den Augen ein dunkelblauer Lidschatten mit Glitzerpartikeln, nicht zu viel, nicht zu wenig, dazu abgestimmt der Nagellack, die Schuhe so hoch, dass Orthopäden nur den Kopf schütteln würden, das Kleid schlicht und schön, dazu die Lippen knallrot, mittellange schwarze Haare – sie ist einfach umwerfend!

Wir kommen ins Gespräch. Ich muss mich ja für das umgeschmissene Glas entschuldigen. »Ach, kein Drama«, winkt sie ab. »Wäre mir natürlich lieber gewesen, wenn Sie George

Clooney wären, aber man kann ja nicht alles haben.« Sie scheint auch noch unterhaltsam und witzig zu sein. Das haut mich um. Ich fühle mich komplett ungeschminkt neben ihr. Wie eine langweilige Kalkwand. So muss sich ein Lippenstift mit der Farbe »Nude« (ich) neben einem roten Lippenstift (sie) in der Warenausgabe einer Parfümeriekette vorkommen!

Sie ist im Übrigen auch ohne Begleitung (mir ist schleierhaft, wieso), und wir fangen nun zu plaudern an.

»Ich schaue Sie dauernd so an, weil Sie ganz toll aussehen!«, sage ich schließlich ganz mutig.

Besonders erstaunt wirkt sie nicht. Eher so, als hätte sie damit gerechnet. »Danke«, antwortet sie. »Das nennt man Beautymanagement. Ohne Fleiß kein Preis – aber gescheite Kerle gibt's hier trotzdem nicht.«

Sie hätte nach meinem Kompliment wenigstens sagen können: »Danke, gleichfalls!«

Stattdessen hat sie tatsächlich ein Unwort benutzt: *Beautymanagement!* Ich bin froh, dass ich einen Makel gefunden habe. Manche Menschen können sich bei mir mit bestimmten Wörtern ins Aus schießen. Beautymanagement. Bachelor of Pflege und Schminke. Hört sich tatsächlich nach extrem viel Arbeit an und nach einem Alter weit jenseits der dreißig. Management und Beauty. Geht gar nicht. Dennoch: Ich will mal nicht so sein, irgendwie finde ich sie ja ziemlich lässig und interessant.

»Beautymanagement – ist das eine Ausbildung?«, frage ich jetzt extra blöd.

»Nein«, sagt sie, »das nennt man so ab vierzig. Noch nie gehört?«

»Wahrscheinlich schon, ist aber nie in mein Hirn vorgedrungen. Aber du bist schon vierzig? Du siehst viel jünger aus«, sage ich dann doch neidvoll und streiche über meine Wangen, die dringend Pflege gebrauchen könnten, so trocken fühlen sie sich an.

Ich bin, was das Thema »Jünger aussehen« betrifft, eher der Typ Ute Lemper. Die sagte einmal über sich, dass sie schon mit Mitte zwanzig wie Mitte dreißig ausgesehen hätte und dass sie sich jetzt langsam ihrem Alter annähern würde. Das geht mir genauso. Ich bin noch nie jünger geschätzt worden. Nicht einmal als Kind.

Die angeknackste Heilige nimmt einen Schluck Wein. Der Lippenstift hält. Ich habe auch nichts anderes erwartet.

»Danke für die Blumen. Das geht doch immer runter wie Öl. Aber Schönheit ist eben eine lebenslange Aufgabe, das vergessen halt die meisten. Und so ein Gesamtkunstwerk braucht natürlich auch seine Zeit!«, sagt sie. »Das muss gemanagt werden.«

So wie sie aussieht, glaube ich ihr das aufs Wort. Sie zeigt mir ihren Unterarm. Ich fasse es nicht. *The most beautiful makeup for a woman is passion* steht da. »Echt, das hast du dir tätowieren lassen?«, sage ich. Der Abend wird interessant.

Sie hält mir wortlos den anderen Arm hin: *But cosmetics are easier to buy.* Dann lacht sie erneut und sagt, als sie mein verdattertes Gesicht sieht: »Quatsch, ist nur für heute Abend. Ich wollte ein Statement setzen. Der Spruch ist auch leider nicht von mir, sondern von Yves.« Sie sagt tatsächlich nicht Yves Saint Laurent. Sie sagt Yves, als sei er ihr Arbeitskollege.

»Was machst du denn so alles beautymanagementmäßig, was muss denn sein?«, frage ich, nun doch neugierig geworden, und denke daran, dass ich noch nicht einmal eine richtige Augencreme habe.

»Einmal in der Woche ein Peeling, dann eine gute Maske alle zwei bis drei Tage, weiterhin Raffi-Straffi-Masken …«

»Raffi-Straffi?«, unterbreche ich sie.

»Ja, Raffi-Straffi-Masken. Die festigen die Haut und sind gegen die Falten. Das ist wichtig, gerade wenn es drauf ankommt.« Ich überlege, wann es nicht mehr darauf ankommt, doch sie spricht schon weiter: »Heute habe ich mir zum Beispiel einen Tag Urlaub genommen.«

Sie strahlt.

»Du, ich bin übrigens die Astrid.«

»Sabina«, sage ich und hebe mein Glas. Ich bin froh über ihren normalen Namen. Jetzt noch so etwas wie Blue oder Leila – da wäre ich übergeschnappt.

»Also, ich muss das immer zelebrieren, zu so einem Event geht man ja nicht alle Tage. Das muss man als Frau auch genießen.«

Puh, das Gesamtkunstwerk scheint es wirklich ernst zu meinen. Den ganzen Tag an seinem Aussehen arbeiten, um dann allein an einer Bar rumzusitzen? Mir fallen spontan einige Sachen ein, die ich erledigen könnte, wenn ich einen ganzen Tag Zeit hätte.

Doch sie bemerkt meine Zweifel nicht und fährt ungerührt fort: »Mein Programm hat heute Morgen mit Ausschlafen begonnen, dann Sport, Badewanne, Maniküre, Pediküre, Peelen. Danach habe ich mir noch eine Vliesmaske aufgelegt, die sind Bombe zum Polstern vor solch einem Abend.«

Ich denke an meine Teebeutel, die ich mir heute vor dem Event draufgeknallt habe, damit ich nicht aussehe wie Heino, und erzähle ihr das.

»Wenn Teebeutel, dann nur schwarzen Tee, nur der nimmt

die Schwellung. Kein Früchtetee.« Wieder was gelernt, ich hatte nur Fenchel da.

»Es gibt auch wirklich tolle Augenmasken, und damit die so richtig wirken, sollte man sie im Kühlschrank aufbewahren, dann entschwellen sie noch besser. Aber keineswegs im Eisfach, dann ist die Wirkung gleich null.«

Ich habe es tatsächlich mit einem Profi zu tun. Ich wusste bis vor zwei Jahren noch nicht einmal, dass es so etwas wie Concealer gibt! Aber das nur am Rande.

»Du bist nicht zufälligerweise Visagistin?«

»Doch, ich bin vom Fach, merkt man das nicht?« Sie grinst.

»Sonst noch was für Anfänger im Beautymanagement?«, frage ich, auch weil der Abend noch lang ist und noch immer kein Helge in Sicht.

Sie ist jetzt völlig in ihrem Element.

»Das A und O ist natürlich eine gründliche Reinigung. Eine 400-Euro-Creme auf einem schlecht abgeschminkten Gesicht bringt nichts! Und immer, immer Augencreme – wirklich, das wird unterschätzt.« Sie wird direkt theatralisch. »Und nicht nur die geschnorrten Proben!«

Warum betont die das denn so? Ich bekomme sofort ein schlechtes Gewissen. Ich lenke ab. Nur weg von den Augen, aber bitte auch nicht hin zu meinen Augenbrauen. Ganz schlechtes Thema, wie Sie wissen.

»Hast du nicht einen Tipp, was man bei mir besser machen könnte?«

Sie beäugt mich genauso prüfend, wie die Kandidaten von *Bauer sucht Frau* begutachtet werden, wenn sie ihre potenzielle Braut für die Hofwoche vom Bahnhof abholen. Ich bereue die Frage in der Sekunde. Natürlich hat sie etwas. »Also, deine Grundierung könnte deckender sein, die T-Zone …«

»T-Zone?«, unterbreche ich sie wieder.

»Der Bereich vom Kinn über die Nase bis zur Stirn gleicht einem T, ist gleich T-Bereich.« Sehe ich Mitleid in ihrem Blick? »Jedenfalls könntest du deine T-Zone besser mattieren, und dein Lippenstift geht eigentlich nicht, wenn ich das mal so sagen darf. Rosenholz ist der Farbton, stimmt's?«

Ich bin sprachlos. Es stimmt. Ich nicke.

»Hab ich's doch gewusst. Der Ton geht prinzipiell bei keiner Frau. Rosenholz ist die lila Latzhose der Kosmetik, ist die Farbe der unbefriedigten Frau. Das ist so ein Insider-Witz bei uns im Laden.«

»Die Farbe der unbefriedigten Frau ab vierzig, oder was?«

»Genau. Unter vierzig kauft den ja auch keiner.«

Ich überlege, ob ich meinen Wein exen soll. Aber sie hält mir schon ihren Lippenstift hin. »Hier, nimm den. Viel besser. Und an deinen Klamotten musst du nichts machen, die sind perfekt. *Dressed to the maximum* bist du ja. Da brauchst du jetzt noch den richtigen Lippenstift.«

Ich bin etwas versöhnt. Wenn ich schon *dressed to the maximum* bin, dann kann es ja nicht so schwer sein, optisch noch was herauszuholen. Allerdings wäre es auch erstaunlich, wenn meine Kleidung bei ihr nicht durchgegangen wäre. Schließlich verdiene ich meine Brötchen damit, andere in Sachen Stil zu beraten.

»Gibt es noch was, das man generell wissen sollte, abgesehen von meinem Gesicht?« Jetzt exe ich doch den Wein.

»Dazu müsste ich wissen, wie dein jetziges Pflegeprogramm aussieht, was du …«

Ich bereue die Frage zutiefst und unterbreche abermals. Was bin ich doch für ein unhöflicher Mensch. »Komm, wir schauen mal, ich glaube, es gibt ein tolles Büfett.«

Mein Versuch misslingt. Sie sieht nicht nur gut aus, sie scheint auch besessen zu sein. »… und dann müssen wir über das Budget sprechen und …«

»Ich habe Hunger!«, rufe ich verzweifelt.

Sie lacht. »Nur noch eins – eine Sache muss ich noch loswerden. Ein ganz böser Fehler der meisten Frauen ab vierzig: Ihr …« – jetzt meint sie, glaube ich, die Welt – »… unterschätzt die Bodylotion.«

Ich verstehe kein Wort, die Rock-Band fängt an zu spielen. »Was?«

Sie schreit: »Die Zeit für die 08/15-Bodylotion ist ab vierzig vorbei, da müssen jetzt die Spezialisten ran. Bodylotions müssen jetzt festigen, entwässern, entgiften, glätten, straffen …«

Ich will nun endgültig das Thema wechseln, zumal die Band echt gut ist. Aber nichts da. Sie lässt nicht locker. Ihr Tonfall wird immer fanatischer. Ich kann kaum glauben, dass jemand es geschafft hat, mich mit diesem Thema zu langweilen. Wirklich, mich interessiert das alles. Doch Astrid hat es geschafft, mir das Gefühl zu vermitteln, dass alles übertrieben werden kann. Alles! Dieses Anti-Aging-Gedöns kann mich mal kreuzweise!

Astrid macht gnadenlos weiter.

»Die Pflegeroutine muss stimmen, so wie beim Sport. Wenn das Basistraining stimmt, kannst du …«

Ich. Will. Nicht. Mehr. Aber sie will noch. Ich höre nur noch mit halbem Ohr hin.

»Und ja, die liebe Sonne! Nicht grillen, sondern bräunen – wichtig, wichtig, wichtig. Das mit der Sonne weiß jeder, macht aber keiner. Und immer eine Handcreme benutzen. Immer. Und dann …«

Ich sage: »Stopp! Oder ich muss sofort nach Hause.«

Sie hat wirklich Humor. »Okay, Liebchen, aber wenn du mal was brauchst, lass es mich wissen.«

Auf dem Weg zum Büfett zieht sie mich dann doch noch kurzerhand auf die Toilette. »Geht ganz schnell!« Ratzfatz frischt sie mir das Make-up auf, mattiert mir meine T-Zone und knallt mir noch einmal ihren roten Lippenstift drauf. »Falls Helge Schneider dir auf dem Weg zum Büfett über den Weg läuft – dann hast du wenigstens einen schlanken Fuß!«, was so viel heißt wie: Dann habe ich wenigstens einen ordentlichen Lippenstift drauf.

Woher weiß sie das mit Helge? Ach, ich mag sie trotzdem.

Wieder zu Hause, fühle ich mich, als würde mein Blick auf den Haufen mit den Steuerquittungen fallen. Jedes Mal nehme ich mir vor, es nicht so weit kommen zu lassen, und dann wird's doch ein Stapel, und irgendwann sitze ich dann einen ganzen Tag dran. So ähnlich geht es mir mit den anstehenden Aufgaben für mein neues Beautymanagement. Ich bin mir eigentlich auch ganz sicher, dass ich mit meiner 08/15-Bodylotion auskomme.

Die einen machen mehr, die anderen weniger. Die einen brauchen ihre Kaviarcreme, die anderen nehmen konsequent Nivea. Die einen geben Unsummen für künstliche Wimpern aus Nerz aus, die anderen legen Wert auf ein bestimmtes Shampoo aus von Nonnen ausgesuchten Blüten. Aber Achtung: Auch bei unserem Beautymanagement sollten wir Goldschnitten uns auf keinen Fall verbeißen!

Die besten Anti-Aging-Mittel stammen sowieso nicht aus der Dose. »Sich ärgern hält jung. Ich rege mich gern auf ...«, sagt beispielsweise die französische Schauspielerin Sophie

Marceau. Ich nehme ihr das sofort ab. Aufregen hält uns jung, das habe ich schon immer geahnt!

Und dann gibt es immer noch Ute. Zu Ute habe ich ja diese besondere Beziehung, weil wir beide immer schon älter aussahen, als wir waren.

»Ich habe in meinem Leben immer sehr mutige Entscheidungen getroffen, egal, welcher Meinung die anderen waren. Ich denke mir immer: Es ist dein Leben. Wenn du es nicht selbst in die Hand nimmst, wer dann? Realisiere deine Träume! Man lebt nur einmal.«

Ja, das hat sie gesagt. Natürlich nicht in Bezug auf ihr Beautymanagement. Aber das ist nicht entscheidend. Ich sehe es jetzt mal in Bezug auf alles und auf Beautymanagement. Sie auch, oder?

9

Kein Wort über unsere Ernährung!

Jetzt ist es an der Zeit, mal ein bisschen mit uns selbst zu schimpfen. Es ist ja beileibe nicht so, dass uns nur die anderen das Leben schwer machen. Nein, darin sind wir selbst ganz große Klasse. Ganz weit vorn dabei sind Frauen ab vierzig, die gerade ihre Ernährung umstellen und dann gnadenlos missionieren. Das nervt und macht alt.

Es gibt Worte, die man nicht in den Mund nehmen darf. Das wissen wir alle, die kennen wir alle, das ist keine Frage. Aber dann kommen welche dazu, je älter wir werden. Die sogenannten AWs (Alten-Worte). Wenn Sie die in den Mund nehmen, weiß jeder gleich, dass Sie die dreißig gut und dicke überschritten haben. Zu den AWs gehören (ich habe nur meine persönlichen Favoriten ausgesucht): Sprachen lernen, Nordic Walking, Wellness-Hotel oder Bauchtanz. Es gibt aber auch Alten-Sätze, wie etwa: »Wo ist meine Brille?«, »Ich kaufe nur noch vom Bauern«, »Lass uns mal einen kleinen Spaziergang machen« oder »Ich habe meine Mitte gefunden«.

Die Krönung aller AWs aber ist das Wort »Ernährungsumstellung«. Ein Wort, das nur deshalb entstanden ist, weil wir Frauen uns immer zu dick fühlen und abnehmen wollen. Und je älter wir werden, desto dicker fühlen wir uns. Mit vierzig kriegt man die angesammelten Pfunde zwar los, aber schleppend, mit fünfzig wird es Schwerstarbeit, und mit sechzig ist es fast schon aussichtslos. Aber bis dahin haben wir auch dafür eine Lösung.

Hinzu kommt, ungefähr ab vierzig, dass wir, selbst wenn wir nahezu nichts mehr essen würden, jedes Jahr, so habe ich es mal irgendwo gelesen, trotzdem ein bis zwei Kilo zunehmen. Bis zur Rente sind das locker 20 bis 30 Kilo. Das liegt daran, dass wir weniger Muskeln und mehr Fett haben und die Muskeln also auch noch weniger Kalorien verbrauchen, weil sie nicht mehr da sind. Wir müssten deshalb also weniger essen als früher. Ein Albtraum!

Eigentlich geht es im Leben der Frau ab vierzig nur noch um Essen oder Nicht-Essen. Hamburger, Pommes, Mayonnaise, Schokolade, Currywurst, aber auch Alkohol oder Chips werden zu Bäh-Worten. Genauso wie Bratwurst, Pizza und Döner. Das Wort »Weißmehl« ist plötzlich ein polarisierendes Statement, ungefähr so, als würde man einen Pelzmantel tragen.

Wohl kaum eine Frau hat sich nicht mindestens einmal in ihrem bisherigen Leben mit dem Unwort »Ernährungsumstellung« beschäftigt. Und zwar wie besessen. Selbstverständlich nicht im stillen Kämmerlein, sondern laut lamentierend und alle anderen belehrend. Jeder, der es nicht wissen will, muss sich dann das Gedöns um weniger Fett, viel trinken, mehr Obst, reichlich Gemüse, keine Kohlenhydrate anhören. Auf Deutsch: Wir Frauen fühlen uns oft – was heißt oft, eher immer – zu moppelig und wollen es nicht zugeben. So wie wir einfach naturgemäß zunehmen, so wollen wir scheinbar naturgemäß nicht sagen, dass wir gern weniger wiegen würden, also gern dünner wären. Also packen wir das –

eigentlich alles, was mit Fett zu tun hat – unter das Deckmän-
telchen einer Ernährungsumstellung, statt von einer Nulldiät
zu sprechen (hält ja auch keiner durch, dennoch unterstelle
ich, dass diese bei vielen Frauen auf Platz eins ihrer Diäten-
Wunschliste ist, egal wie ungesund).

Diese Ernährungsumstellung ist dann letztlich nichts anderes als ein Gemisch aus Kohldiät, Montagsdiät, Nebenbei-
Diät, Klopf-dich-schlank-Diät, New-York-Diät, Trennkost,
Metabolic Balance, Schlank-im-Schlaf- und Denk-dich-
schlank-Diät.

Auf die Frage »Wie hast du denn so toll abgenommen?« ist
»Ernährungsumstellung« natürlich immer eine bessere Antwort als ein simples »Rhabarberdiät«. Das klingt nachhaltig
und tiefsinnig. Und ganz bio. Der Diät haftet dagegen etwas
Altbackenes und Oberflächliches an. Die mit der umgestell-
ten Ernährung sind eindeutig die besseren Menschen. Sie
retten quasi mit ihrer Ernährungsumstellung die Welt.

Dabei geht es in Wahrheit immer nur ums Abnehmen. So
hat beispielsweise auch die amerikanische Schauspielerin
Tori Spelling zugegeben, dass nicht Sport und gesunde Ernährung ihren After-Baby-Body formten, wie immer be-
hauptet wurde. In ihrer Autobiografie schreibt sie: »Ich mache nicht viel Sport, also ging ich es auf die altmodische Art
und Weise an. Ich nenne es die ›Halt-deine-verdammte-
Klappe-und-iss-Luft-Diät‹.«

Sie kennen das ganze Diäten-Gedöns auch, oder? Auch Sie
haben garantiert eine Freundin, die ein halbes Jahr lang tags-
über normal bis gar nichts isst, aber dann ab 17 Uhr wie in
Trance Unmengen von Wasser in sich hineinschüttet. Klar hat
sie damit abgenommen, aber genauso selbstverständlich war
nach ein paar Monaten alles wieder da! Sie gab natürlich nicht

auf und versuchte es dann mit »10 in 2«. Ja, wirklich. »10 in 2«
steht für einen Tag essen (die 1), einen Tag nichts essen (die 0).
Und das Ganze in zwei Tagen, deshalb die Zwei. Ich habe
etwas gebraucht, um das zu verstehen, als ich es gelesen habe.
Da hat sich aber einer was an den Haaren herbeigezogen!

Vielleicht ist es gar nicht eine Ihrer Freundinnen, die
ihren Körper mit immer neuen Diät-Varianten malträtiert,
sondern Sie sind es selbst? Dann geht es Ihnen so wie mir!
Sie müssen nämlich nicht glauben, dass ich das schlimmste
Alters-Wort noch nie in den Mund genommen habe. Deshalb weiß ich ja auch, wovon ich rede. Wildeste Ernährungs-
umstellungen inklusive Belehrungen all meiner Freunde
habe ich schon hinter mir: Nach 18 Uhr nichts mehr essen,
nur noch nach 18 Uhr essen, nur nach mindestens einer
Stunde Sport etwas zu sich nehmen, nur Rotes essen, überhaupt nichts Rotes essen … Als Besserwisserin hatte ich in
dieser Zeit natürlich auch eine Mission, ja, ich war richtiggehend empört über alle, die – wie ich fand – einfach wahllos
aßen und Lebensmittel einkauften. Über alle, die sich keine
Gedanken um ihre Ernährung machten. Ich war sogar kurz
davor, eine Partei zu gründen. Gebracht hat mir das alles natürlich nichts, bis auf schlechte Laune.

Über das Ernährungsumstellungsgedöns habe ich somit
lange nachgedacht, aus eigener Betroffenheit, wie Sie ja jetzt
wissen. Meinen Beobachtungen zufolge hat dieses Elend,
dieses Abnehm-Dünnerwerden-Elend, drei Gründe, und die
müssen jetzt endlich mal auf den Tisch:

1. Man hat keinen Mann, will aber einen.
2. Man will ein Kleid von Victoria Beckham.
3. Man hat einen Mann, der dünner ist als man selbst.

Weil man sich trotz dieser Gründe aber nicht richtig motivieren kann, muss man andere, die munter weiteressen und sich einen Kehricht um das Dünnerwerden-Elend kümmern (die gibt es!), mit seinen neuen Ernährungsweisheiten quälen, bedrängen, vollsabbern und bombardieren. Mit vorwurfsvollen Blicken und einem ständigen »Waaaas? Du bestellst noch Pasta am Abend? Na, dein Magen wird sich heute Nacht ja freuen, und erst recht morgen deine Waage« wird man dann ab vierzig gern belehrt, ich nenne es malträtiert. Der Brotkorb wird gemieden wie die Pest, aber begehrt wie ein Thermomix oder ein Paar Schuhe von Manolo Blahnik.

Und bei den drei oben genannten Gründen, die zu dem ganzen Elend führen, kann man sich bei den ersten beiden immer herrlich herausreden. Ich bin mir selbst genug, was soll ich also mit einer Napfsülze von Mann, dem ich permanent die Socken nachräumen muss? Das sagen Sie sich vielleicht. Oder: »Ach, was für ein Hungerhaken, diese Victoria Beckham, einfach schrecklich – so abgemagert wie die ist, will ich bestimmt nicht aussehen. Und sooo toll sind die Kleider ja auch wieder nicht.«

Schwierig wird es dann aber bei Grund Nummer drei. Sind Sie damit konfrontiert, haben Sie ein echtes Problem! Aus dem kommen Sie auch nicht schnell heraus. Einen Mann zu haben, der dünner ist als man selbst, das mag ja am Anfang, wenn man frisch verliebt ist, noch funktionieren. Doch wenn erst einmal die Jährchen ins Land gehen und bei einem selbst immer mal wieder so ein Pfündchen draufkommt, während der Partner rank und schlank bleibt – das ist dann der reinste Terror.

Die wenigsten Frauen können es ab, wenn seine Hosen auf der Wäscheleine neben den eigenen aussehen wie die vom Nachbarsjungen. Wenn man sich bei einem gemütlichen Grillabend nicht seinen Pullover ausleihen kann, weil man ihn nicht über den Kopf bekommt. Ein gehauchtes »Schatz, gibst du mir mal deinen Pulli, mir ist so kalt« ist in solch einer Beziehung nicht mehr drin. Nein, man muss selbst für sich sorgen und sein eigenes Zeug dabeihaben. Wen würde das nicht frustrieren, außer vielleicht Cindy aus Marzahn?

Die meisten Frauen macht das aggressiv und dauerschlechtgelaunt. Jeden Tag dieses »Ich bin dicker als er« im Kopf, das hält doch keine aus. Warum kann er nur so viel essen, während bei einem selbst jedes noch so winzige Stückchen Schokolade gnadenlos auf die Hüfte knallt? Das schlaucht jede Beziehung. Die beste Lösung ist natürlich, rechtzeitig vorzubeugen. Frauen, die schon in jungen Jahren mit Diäten herumfuhrwerken, also dann, wenn sie sich verlieben, sollten bitte die Hände von Männern lassen, die dünner sind als sie selbst. So könnten wir uns viel schlechte Laune sparen!

Männer haben ja ein solches Problem scheinbar nicht, denn sie fühlen sich selbst mit Wampe noch wie ein Adonis und selbstverständlich unwiderstehlich. Davon könnten wir uns eine riesige Scheibe abschneiden.

Und vielleicht hilft uns auch ein Blick auf die Statistik, um die Dinge mal zurechtzurücken. Die Statistiken zeigen nämlich alle, und das wird ja quasi ständig erhoben, dass deutsche und österreichische Frauen viel dünner sind als die dazugehörigen Männer. Die Schweizerinnen gelten sogar als die schlanksten Frauen Europas. Damit liegen sie, was das Dünnsein angeht, noch vor den Französinnen und Italienerinnen.

Wenn das aber nicht reicht, um Sie zu beruhigen, dann wird es schwierig. Wirklich. Sehr schwierig. Was soll ich raten bei einem Partner, bei dem nicht abzusehen war, dass der

Auserwählte so dünn bleibt? Bestimmt erwarten Sie jetzt von mir Sätze wie »Akzeptieren Sie sich so, wie Sie sind« oder »Lächeln Sie jeden Morgen Ihrem Spiegelbild entgegen mit den Worten ›Ich liebe mich‹«. Vielleicht sind Sie auch brutalere Ratschläge à la »Hängen Sie sämtliche Spiegel ab und reißen Sie alle Konfektionsschilder aus Ihren Klamotten heraus« gewohnt. Das alles gibt es bei mir nicht.

Nein. Meine Lösung heißt: Schönreden! Bitte auf der Zunge zergehen lassen, sofort auf ein weißes Blatt mit riesengroßen Buchstaben schreiben und an den Kleiderschrank hängen. Genau! Schönreden! Wir Frauen können uns doch den größten Idioten schönreden, die total verzogenen Kinder oder das eigentlich viel zu enge Kleid. Mühelos gelingt uns das. Warum also sollten wir diese Fähigkeit nicht einmal gewinnbringend einsetzen? Noch dazu ist es eine Fähigkeit, bei der wir nicht an uns arbeiten müssen und die uns weder Geld noch Mühe kostet.

Schönreden ist ein Allheilmittel. Wir müssen hier nur mit genau derselben Penetranz und Überzeugung ans Werk gehen, die wir auch bei der Ernährungsumstellung einbringen. Schönreden, schönreden, schönreden. Das ist nicht zu verwechseln mit Sätzen wie: »Ich liebe mich so, wie ich bin.« Nein. Bitte keine Verwechslung! Schönreden geht uns leicht von der Hand. Wir müssen dazu weder morgens in den Spiegel lächeln noch beim Einschlafen meditieren. Es ist einfach in uns. Schönreden ist ein Teil von uns. Daran muss nicht gearbeitet werden. Neben den Top-Schönrede-Bereichen, der Beziehung, den Kindern, der Familie, erweitern wir das Repertoire einfach um das Thema Figur und Ernährung. Mehr nicht. Lassen Sie das mal auf sich wirken und schauen Sie, was passiert. Bei mir hat es funktioniert.

Wer jetzt immer noch seine Ernährung umstellen oder gesünder leben will, der oder die soll es doch einfach tun! Macht es so lange, wie ihr wollt. Aber quält keinen mit euren neuen Thesen, mit angewiderten Blicken auf Pasta oder Pizza. Zieht einfach euer Ding durch und lasst die anderen in Ruhe damit! Das Wort »Ernährungsumstellung« turnt ab und interessiert niemanden. Es hat eine ähnliche Wirkung wie das Gejammer derjenigen, die gern essen und trinken, aber ständig erwähnen, dass sie ja eigentlich »mal was machen müssten« – mehr Sport, weniger Alkohol, mehr Obst. Auch für die gilt: Klappe halten! Und einfach machen – oder eben nicht.

Die Steigerung von »Ernährungsumstellung« ist übrigens der Satz: »Ich lasse mich jetzt zur Ernährungsberaterin umschulen!« Doch ich vermute mal, dass wir Goldschnitten so weit nicht gehen würden.

10

Sport treiben wir oder lassen es sein

Sport wäre für uns wirklich eine gute Sache. Schließlich lassen sich die Verfallserscheinungen spätestens mit vierzig wirklich nicht mehr leugnen. Angeblich drückt sich bei Frauen, die dieses Alter erreicht haben, die Wirbelsäule im Laufe des Tages zusammen, genauer: das Gewebe zwischen den Knochen. Man schrumpft! Das kann mehrere Zentimeter Unterschied ausmachen, wenn man sich erst morgens und dann abends misst. Das viele Sitzen (Büro) und Stehen (Küche, haha) macht diese Schrumpferei sogar noch schlimmer.

Und Frauen ab vierzig sind auch im Stress. Frauen ab vierzig haben anstrengende Jobs, anspruchsvolle Familien und Freundschaften, die gepflegt werden wollen. Sport baut bekanntlich Stress ab, und es gibt wahrlich jede Menge Stress abzubauen. Selbstvertrauen, Körperspannung, *good vibrations*, darum muss man sich jetzt sorgen. Das Ziel ist ein ausgeglichenes, dynamisches, energisches Ich. Innen und außen. Was generell kein einfaches Unterfangen ist und ab vierzig nicht gerade leichter wird.

Sport soll da helfen. Und Sport ist allgemein eine hervorragende Sache. Gesund ist Sport sowieso in jedem Alter, und

in der Gruppe betrieben ist Sport zudem gut fürs Sozialver-
halten, so habe ich es mal gelernt. Und ab vierzig kommt ein
entscheidender Faktor hinzu: Sport ist gut gegen ein schlechtes Gewissen. Allerdings trifft das leider nur auf Sport zu, der
auch wirklich stattfindet. Über Sport allein zu reden, hilft
hingegen definitiv nicht gegen das latente schlechte Gewissen, das Frauen ab vierzig bei leckerem Essen überkommt.
Wer vor einer Pizza mit Rucola, Salami, Oliven und einer
doppelten Portion Käse sitzt, darf alles sagen, nur eines nicht:
»Ich sollte mal wieder Sport machen!«

Wenn wir ehrlich sind, ist es doch so: Über mangelnde Fit-
ness machen wir uns erst Gedanken, wenn wir zunehmen.
Und wenn wir ehrlich bleiben, verbinden wir auch Sport niemals mit Gesundheit, sondern mit Abnehmen. Wenn Frauen
ab vierzig sagen, sie müssten jetzt mal Sport machen, dann
meinen sie abnehmen, dünner werden, schlank sein. Und
dann sammeln sie tonnenweise gute Gründe, um genau an
diesem bestimmten Tag keinen Sport zu machen, obwohl sie
es sich fest vorgenommen hatten. »Ich brauche Zeit für meine
Familie«, heißt es da plötzlich, oder: »Ich habe noch nicht den
richtigen Sport für mich gefunden, wenn es nicht so teuer
wäre, würde ich ja gern das und das machen …«

Meines Erachtens ist ja der am häufigsten genannte Grund,
warum es mit dem aktiven körperlichen Einsatz momentan
nicht so klappt, gerade bei uns Frauen über vierzig, dass
irgendjemand irgendwen kennt, der selbst ohne Sport über
neunzig geworden ist. Darüber sind wahrscheinlich auch die
Betreiber der speziell für »Ladys« ins Leben gerufenen Fit-
nessstudios verzweifelt und haben wieder schließen müssen.
Beliebt ist weiterhin, mehrere Gründe miteinander zu kombinieren, damit die Gegenargumente nicht so schnell greifen.

Meine Freundin Mimi hat beispielsweise eine fettleibige Tante, die mit einundneunzig ausgesprochen wohlgelaunt die meiste Zeit des Tages auf der Couch verbringt und ihren altersschwachen Pudel von einer Schülerin ausführen lässt. Mimi selbst kann aus Zeitgründen keinen Sport treiben, das sagt sie jedenfalls, weil neuerdings Folgen ihrer Lieblingsserie morgens wiederholt werden. Sie setzt alles darauf, dass es bei ihr sein wird wie bei ihrer Tante.

Dass sie jetzt mal wieder Sport machen müsste, diesen Satz höre ich pünktlich jedes Jahr im März, manchmal schon im Februar, von meiner Freundin Perl. Perl und ich haben uns bei einem Bauch-Beine-Po-Kurs kennengelernt. Der Klassiker unter allen Kursen. Wir haben uns auf Anhieb verstanden und waren uns sofort einig, dass wir ganz anders sind als die sonstigen Kursteilnehmerinnen. Zwar waren unsere Mitstreiterinnen alle um die vierzig, wir waren aber gefühlt Jahrzehnte von den anderen entfernt. Versteht sich von selbst, dass wir da nicht mehr hingegangen sind. Das war vor drei Jahren, vier Tage nach Perls vierzigstem Geburtstag. Seitdem treffen wir uns einmal im Monat montagabends und essen Pizza beim Italiener an der Ecke. Nach dem Motto: »Jetzt erst recht!«

Und an diesem Abend ist es wieder so weit. Wir sitzen beide vor einer leckeren Pizza, wir wollen sie genießen und nicht darüber nachdenken, dass Pizza fett macht oder wir keinen Sport mehr treiben. Abgesehen davon, und das muss ja auch mal gesagt sein: Allein durch Sport nimmt keiner ab. Es sei denn, man macht nur Sport und sonst gar nichts mehr. Vor allem nicht essen, fernsehen und Boulevardmagazine lesen. Wer sagt: »Jetzt quäle ich mich schon zum Sport und habe immer noch nicht abgenommen«, tut dem Sport unrecht.

Das funktioniert nämlich nicht. Aber generell nerven mich solche Gedanken, gerade jetzt beim Essen. Echt.

Ich versuche, Perl zu bezirzen. Aus Erfahrung weiß ich, dass weder ein Kompliment für ihre Eins-a-Figur noch ein Hinweis auf ihre extrem lässige neue Lederjacke irgendwie dazu beitragen würde, dass ich diese Pizza jetzt einfach mal ohne ihren März-Kommentar vor ihr essen kann. Ich probiere eine ganz neue Strategie. Ich schaue ihr liebevoll in die Augen und sage: »Wer Perl heißt, braucht keinen Sport zu machen.«

Sie geht darauf gar nicht ein. Ich wollte natürlich eigentlich sagen, dass, wer einen Namen wie ein Filmstar hat, auch automatisch dünn bleibt. Es kann ja eigentlich gar nicht anders sein.

»Perl«, sage ich bei meinem zweiten Anlauf. »Andere warten auf den Sommer, und ich warte darauf, dass du anfängst, vom Sport zu reden. Dann weiß ich, dass bald Sommer ist.«

»Worüber regst du dich denn auf, ich belästige dich ja wohl nicht allzu oft mit diesem Thema, oder?«

»Stimmt, weil dir Bauchspeck und deine angeblichen Reiterhosen die Hälfte des Jahres egal sind. Und weil du Sport hasst. Aber kaum naht der Sommer, wird alles, was auf deinem Teller liegt, zum Werk des Teufels.«

»Quatsch, hör doch auf! Wenn überhaupt«, sie holt zu einem längeren Vortrag aus, »dann treibe ich Sport zum ...«

»Wenn überhaupt«, unterbreche ich sie, weil ich mir diese Bemerkung nicht verkneifen kann, »würdest du darüber reden, Sport zu treiben.«

Perl spricht unbeirrt weiter: »... dann treibe ich Sport zum Stressabbau. Man schüttet dabei ja angeblich ganz viele von diesen Endorphinen aus – diese Glücksteilchen, damit man sich gut fühlt.«

»Jajaja, und Längsstreifen machen schlank.« Ich muss lachen.

»Okay, du hast recht. Vergiss den Stressabbau. Warum heiße ich nicht mit Vornamen Madonna? Dann würde ich, egal zu welcher Uhrzeit, ohne Gym nicht leben können. Ohne ein Workout am Tag wäre ich ungenießbar, ohne Sporttasche und -flasche kein Mensch. Und warum bin ich nicht so? Meiner Meinung nach liegt das am Geld. Wenn ich so reich wäre wie Madonna, dann würde ich auch Sport machen.«

Mir gehen die Argumente aus. Ein bisschen lahm sage ich: »Genau, würdest du.«

Perl guckt mich grimmig an. »Doch. Ich würde mir einen Personal Trainer holen, für jeden Tag, Disziplin ist nämlich überhaupt kein Thema für mich. Ich hätte meine eigene Sporthalle, keine Öffnungszeiten, keine belegten Geräte, keine stinkenden Socken von der Vorgängerin im Spind, so sieht's nämlich aus. Ich müsste nicht erst ins Auto steigen, einen Parkplatz suchen, um mich dann in einem Fitnessstudio mit unter zwanzigjährigen, gepiercten und kahl rasierten Frauen in rosafarbener Unterwäsche in der Umkleide zu quälen.«

»Was meinst du mit kahl rasiert?«, wage ich zu fragen.

»Die sind doch alle so was von rasiert, da findest du kein einziges Haar – also ab Kopf runter, meine ich. Das ist irre. In Unterhose sehe ich daneben aus wie Adriano Celentano, einer der letzten behaarten Schauspieler. Aber egal, darum geht es letztlich ja gar nicht. Sport ist einfach ohne einen gewissen Aufwand nicht zu machen. Sport kostet Zeit oder Geld, oftmals sogar beides, und ich habe weder das eine noch das andere im Überfluss. Ach, und so schlecht ist meine Ernährung auch gar nicht. Außerdem will ich erst mal meine

Wohnung auf Vordermann bringen, mein Auto muss mal wieder in die Werkstatt, boah, also momentan habe ich echt ...«

Ich merke: Es ist wieder so weit. Perl steigert sich rein. Sie redet sich um Kopf und Kragen, und so wird das jetzt mindestens bis zum Sommer gehen. Sie wird klagen, schlecht gelaunt sein, wahrscheinlich nicht an den See fahren wollen, weil sie mit ihrer Figur unzufrieden ist, und wenn, dann nur in einem burkaähnlichen Gewand. Und wenn der Sommer vorüber ist, wird sie auf »nach Silvester« warten, um dann erneut durchzustarten. Kaum der Erwähnung wert, dass daraus dann bis zum nächsten Sommer nichts wird.

Ab vierzig redet man generell viel mehr über Sport als in den Jahren davor. Eigentlich sehr viel. Während man aber gleichzeitig weniger Sport treibt als früher. Viel weniger. Auf den Punkt gebracht: je schlaffer die Haut, desto mehr Geschwätz. Ich will mich da gar nicht ausnehmen. Ich habe alles ausprobiert. Alles. Bis auf Aquafitness, Nordic Walking und klassisches Ballett. Von Power Plate über Bodypump, Stepper bis Crossfit – nichts hat mich so richtig geflasht.

Mit dem Joggen erging es mir beispielsweise so: Joggen soll ja sooo toll sein. Also gut für alles. Neben den ordinären Vorteilen – stärkt Herz und Kreislauf ebenso wie das Immunsystem, baut Muskeln auf und Stress ab, bla, bla – soll der Kopf frei werden und die besten Ideen hervorbringen. (O-Ton einer Kollegin, die ich schon immer suspekt fand: »Die besten Ideen kommen mir beim Joggen.«) Einmal habe ich gelesen, man solle sich, um sich zu motivieren, die Laufschuhe einfach vors Bett stellen und morgens, ohne groß zu überlegen, in die Schuhe steigen und loslaufen. Packt man das drei-, viermal in der Woche, dann ist das eine Riesensache, die man da schafft.

Mein innerer Schweinehund lässt sich aber so leicht nicht austricksen. Dabei habe ich sogar in der Jogginghose geschlafen. Denn wenn man erst einmal die Laufschuhe anhat, aber feststellt, dass man in seinem ausgebeulten Nachtfummel-T-Shirt wohl nicht loslaufen kann, hat sich die Chose schon erledigt. Aber das war es dann auch. Der Wecker klingelte um 5.30 Uhr, und es ging gar nichts. Ich kam nicht aus meinem Bett raus. Aber was dann kam, war noch schlimmer: Ich bin mit noch schlechterer Laune aufgestanden als sonst. Ins Bett als Heldin (»Ich gehe morgen als Erstes schnell 'ne Runde laufen«), aufgestanden als Loser (»Morgen gehe ich aber wirklich laufen«). Der Tag war im wahrsten Sinne des Wortes gelaufen. Das habe ich viermal versucht, ehe ich endgültig aufgegeben habe.

Unter Frauen ab vierzig gibt es die unterschiedlichsten Strategien, das Sportthema in den Griff zu bekommen. Das variiert stark je nach Persönlichkeit. Trixie beispielsweise ist eine sehr verantwortungsbewusste Person. Trixie ist Mitte vierzig und arbeitet als Controllerin für das Unternehmen, das die Bonus-Meilen-Geschenke für eine große Fluggesellschaft vermarktet. Wir sehen uns selten, Trixie ist wirklich gewissenhaft und vielbeschäftigt. Deshalb hasst sie auch ihren Namen. Der passt zu allem, nur nicht zu gewissenhaft und vielbeschäftigt.

Jedenfalls führt Trixie jetzt ein Sporttagebuch, natürlich eines aus der Bonus-Meilen-Geschenke-Edition, weil es heißt, dass besonders Sportmuffel von so einem Sporttagebuch profitieren können, nämlich spätestens dann, wenn man die ersten Erfolge nachlesen kann. Trixies Sporttagebuch hat jedoch immer noch leere Seiten und liegt auf ihrem Nachttisch. Das ist schön, weil sie sich so vor dem Zubettgehen noch mal richtig ärgern kann, dass sie wieder nichts auf die Reihe bekommen hat.

Ich glaube ja, dass die sportlichen Weichen früh gestellt werden. Wer im Kindergarten, spätestens in der Grundschule, einen Sport findet, der ihm Spaß macht, der bleibt dabei, sein Leben lang. Wer mit vierzig noch nicht den Freischwimmer hat, für den ist die Sache auch irgendwie geklärt. Inka kenne ich schon seit dem Kindergarten. Das heißt, kennen ist eigentlich zu viel gesagt. Gleiche Kindergartengruppe eben, doch danach haben sich unsere Wege getrennt. Aber die Welt ist bekanntlich klein, und so habe ich gehört, dass sie immer noch schwimmt. Inka schwimmt nämlich schon, seit sie gehen kann. Erst mit Schwimmflügeln im Kinderbecken, später im Sportverein, zweimal in der Woche ein paar Bahnen vor der Arbeit.

Diejenigen, die wie Inka mit dem Sport einfach weitermachen, findet man selbstverständlich nicht beim Aquajogging und auch nicht beim Unterdrucktraining. Die betreiben echten Sport, wie Schwimmen, Handball, Reiten, Radfahren. Das sind die wahren Sportler unter uns. Die, die wir im Fitnessstudio treffen, haben einen guten Lauf, wenn sie nicht nach sieben Wochen wieder aufhören, sondern vielleicht erst nach zweieinhalb Jahren. Das passiert der Schwimmfraktion nicht. Die sind mit sieben ins Becken gestiegen und mit siebzehn, die steigen auch mit siebzig rein.

Die anderen, also wir, wollen gar keinen Sport machen. Es macht uns einfach keinen Spaß. Statt das so stehen zu lassen, sagen wir: »Ich muss aber dringend mehr Sport machen.« Nicht, weil wir annehmen, Sport würde uns guttun und uns happy oder gesund machen. Nein, wir sagen, wir müssen mal wieder Sport machen, weil wir abnehmen wollen. Erwischt!

Wenn ich das alles bedenke, dann finde ich es sehr nervig. Es sollte doch denkbar einfach sein: Man hat entweder schon im Kindergarten den Sport seines Lebens gefunden oder man lässt es. Das Fiese am Sport ist allerdings, dass es nie zu spät ist. Das finde ich so was von erdrückend. Theoretisch kann man mit über vierzig noch mal mit Sport anfangen, und es tut gut und ist richtig. Da muss man aber erst einmal hinkommen. Weil gerade ab vierzig ja, wie gesehen, die Ausreden immens zunehmen.

Aber: Seit ich das mit dem Sport alles relativiert und verinnerlicht habe und mir keinen Druck mehr mache, ob ich zwei- oder dreimal die Woche ins Studio renne oder auch gar nicht, habe ich eigentlich wieder Spaß. Ich werde nämlich sowieso nie aussehen wie Elle Macpherson. Man glaubt es kaum. Da freue ich mich ganz devot über einen strafferen Körper oder *fühle* mich einfach straff. Seitdem es mir egal ist, ob da jetzt Muskeln sind oder nicht, finde ich mich mega-cool.

Und seitdem laufe ich mit lässigem Gang. Also, ich mache mir jetzt keinen Stress mehr von wegen ich müsste laufen, ich müsste mal schwimmen, ich müsste Ausdauer – nein. Ich mache jetzt manchmal total altmodische Alten-Gymnastik. Kniebeugen, auf dem Bett Fahrrad fahren und so ein Zeug halt.

Nun suche ich noch händeringend nach einer Sportart, die meinen Gang nicht alt werden lässt. Nehmen wir zum Beispiel Yoko Ono. Ich glaube, die wirkt auch deshalb so jung mit ihren über achtzig Jahren, weil sie einen guten Gang hat, also nicht so einen ältlichen Gang. Den kann man aber nur erhalten, wenn man ein bisschen in Bewegung bleibt. Das kriege ich hin. Locker. Ich kultiviere die Kniebeugen und den bequemen Sport, der nicht weniger wirkungsvoll ist.

Für meine Oberarme habe ich mir zwei Hanteln gekauft. Die Werbepausen sämtlicher Trash-Formate, die ich alle liebe (von *Bauer sucht Frau* bis *Schwiegertochter gesucht* über *GNTM*), werden jetzt effektiv genutzt. Und das schon seit vier Tagen. Ich mache das. Das liegt mir. Entspannt, doch effektiv. Mit vierzig ist es an der Zeit, einen anderen Weg zu gehen. Weniger jammern, mehr verdrängen. Verdrängung ist eines der besten Mittel, um den Alltag zu bewältigen.

Ich habe etwas im Internet gefunden, das genau meinem gesunden Menschenverstand entspricht. Da sagt ein Sportwissenschaftler, dass es eigentlich ausreicht, dreimal täglich mit dem Hund rauszugehen und noch ein bisschen Gymnastik, Kniebeugen oder Liegestütze zu machen. Letztere am besten täglich. Denn der ganze Körper profitiert davon, wenn er oft bewegt wird. Das Herz gewöhnt sich an die höheren Belastungen. Und wer regelmäßig seine Rumpfmuskulatur mit ein paar Übungen stärkt, sorgt für einen gesunden Rücken. So stand das da. Die Gelenke bleiben zudem belastbarer, die Knorpel geschmeidiger und die Knochen dichter.

Ja, das ist mein Mann, dieser Sportwissenschaftler! Das leuchtet mir ein. Sofern kein Hund in Greifnähe, ersetzen wir das durch Stühlerücken (gut für die Arme) und Staubsaugen.

Von Sportmuffeln ebenfalls favorisiert wird der Schrittzähler – in der High-Tech-Variante als Fitness-Tracker am Handgelenk. Vorteil für den Sportmuffel: Es zählen nicht nur Rennen, Walken, Hiken (Wandern) und sonstige energieraubende Betätigungen, sondern es wird jeder Schritt gezählt, den man zurücklegt. Hierbei werden die sowieso gelaufenen Schritte, also die, die man ohnehin nicht vermeiden kann (vom Kühlschrank zum Fernseher, vom Haus zum Auto, von der Rolltreppe zur Kasse), in Sport umgerechnet. Die besseren Geräte berechnen zusätzlich noch die pro Tag verbrannten Kalorien. Das Ziel liegt bei einer Frau um die vierzig übrigens bei 10 000 Schritten am Tag. Die bedeuten, dass man einen aktiven, gesunden Lebensstil hat. Ich habe gleich mal meine Schrittlänge gemessen. Die beträgt etwa 50 Zentimeter. Dann wären 10 000 Schritte ungefähr 5 Kilometer. Das ist eigentlich gar nicht so viel, und ich frage mich gleich, ob das sein kann. Das soll schon gesund sein? Oder hat da mal wieder extra jemand eine Sportart für Sportmuffel erfunden, bei der man fast nichts tun muss, nur um einen Haufen dieser Geräte zu verkaufen? Vielleicht sollte ich das mal als Nächstes ausprobieren.

Ohne Einsatz kein Gewinn. Ohne Sport keine Muskeln. Ohne Spaß keine gute Laune. Sport tut dem Körper und der Seele gut. Wenn man ihn gern macht! Wenn man ihn nicht gern macht, dann macht man ihn nicht richtig, bekommt keine Muskeln, dafür schlechte Laune, und die wiederum tut weder dem Körper noch der Seele gut. Also lieber ein gutes Buch lesen oder ausgehen.

Wer keinen Sport macht, kann ja einen Apfel oder eine Karotte essen und ab und zu eine Runde um den Block laufen. Kann sich anfühlen wie Sport. Keine Oberarm-Panik. Frauen ab vierzig fürchten fast nichts so sehr wie Puddingarme. Im Ernst: Wenn die einzige Motivation ist, Tops tragen zu können und ohne Bedenken dem Nachbarn zuzuwinken, sollte man ernsthaft Aufwand und Wirkung abwägen, bevor man die Hanteln schwingt.

Vor allem sollte man sich nicht zu viel Stress machen. Denn Sport treiben wir ja auch deshalb, um unseren Stress zu reduzieren. Und manchmal reduzieren wir den eben, indem wir uns einfach keinen Kopf mehr machen.

11

Wir verbessern die Welt nicht mit Yoga

Etwas gegen Yoga zu sagen ist ja fast ein bisschen blasphemisch. Da beißt sich manch eine lieber auf die Zunge, als auch nur ein böses Wort über Yoga zu verlieren. Man könnte genauso gut etwas gegen die Demokratie oder andere wichtige Dinge sagen. Es würde Widerstand von allen Seiten hageln. Sagen Sie beispielsweise bei einem Abendessen mal was gegen Yoga. Das ist ein so polarisierendes Statement, dass sich die anderen Gäste von Ihnen abwenden. Sie sind ein Außenseiter. Der Abend ist für Sie gelaufen!

Ich traue mich aber trotzdem mal an dieses heikle Thema ran. Jemand muss es mal sagen. Nicht, dass ich Ihnen Ihr Yoga missgönne oder Ihnen einreden will, es wäre nicht gut für Sie. Ist es vermutlich. Aber ich finde, wir Yoga-Verweigerinnen müssen auch mal zu Wort kommen.

Fünf Millionen Menschen machen in Deutschland Yoga, wie der Berufsverband der Yogalehrenden zu berichten weiß, und das ist schön. Yoga ist, ja, ich gebe es gern zu, alles andere als nur durchzuhängen und sich mal zu strecken. Es erfordert Kraft, fast wie Bodybuilding. Manche fühlen sich dabei im Hier und Jetzt, andere verrenken sich eher auf Biegen und Brechen. Klar, das ist nicht für jeden etwas. Aber es gibt zum Glück auch andere schöne Dinge. So ist es ja nicht.

Doch die eifrigen Yogamatten-Träger machen mir wirklich zu schaffen. Dagegen waren die Birkenstock-Mafia und die Stricklieseln aus früheren Jahrzehnten harmlos. Ich habe bei manchen Frauen nicht das Gefühl, dass sie wirklich wissen, was sie da tun. Yoga ist über zweitausend Jahre alt, ich meine, da müsste es um etwas anderes gehen als um die Langeweile von Frauen ab vierzig.

Manches entgleist, wenn eine großartige Sache in die Hände von Menschen gerät, die nichts zu tun haben – wenn beispielsweise Yoga in die Hände von Gelangweilten gerät, deren Kinder alt genug sind, um sich allein zu beschäftigen, oder deren Männer gerade mit einer Jüngeren abgehauen sind, sodass sie plötzlich Unmengen an Zeit übrig haben und durch Yoga und vegane Ernährung zu sich selbst finden.

Was die Yoga-Akrobatinnen auch noch besonders macht in der Herde der Sportlerinnen oder Sportmuffel, ist, dass sie ähnlich wie die Ernährungsumstellerinnen einen Tick zum Missionieren tendieren. Die sagen dann Dinge wie: »Wenigstens ein Mal! Gerade dir würde es guttun, glaub mir. Es ist wie eine innere und äußere Reinigung.«

Und so kommt es, dass man dann manchmal Sachen macht, bei denen man vor zehn Jahren gesagt hätte: »Ganz bestimmt nicht!«

Sandra und ich kennen uns ewig, hatten uns aber eine Zeit lang aus den Augen verloren. Vor einigen Monaten habe ich sie dann per Zufall wiedergetroffen, aber kaum wiedererkannt. Ich stehe an der Bar eines Cafés und warte auf meine Steuerberaterin, als mir jemand auf die Schulter klopft: »Mensch, das gibt's ja nicht, das ist ja schön, dich zu sehen!«

Sie sah ja immer schon gut aus. Doch jetzt, das schlägt dem Fass den Boden aus, sieht sie sensationell gut aus. Die Haare länger, die Schuhe höher, ihre Ausstrahlung lässiger. Ich komme mir gleich unscheinbar neben ihr vor.

»Mensch, du? Du siehst bombastisch aus! Was ist passiert, wo ist Jürgen?«, frage ich.

»Wir müssen uns treffen, es ist so viel passiert. Ich habe mich von Jürgen getrennt.«

»Ach du grüne Neune«, antworte ich, etwas Sinnigeres fällt mir gerade nicht ein. Von Neugierde geplagt, will ich eine Information doch noch schnell aus ihr herausquetschen. »Wieso denn?«

»Auslöser war mein Yoga. Das hat alles ins Rollen gebracht.«

»Och nee. Du auch Yoga. Gehst du nicht mehr ins Fitnessstudio?«

»Um Himmels willen, nein«, sagt sie und lacht, als hätte ich einen super Witz gerissen. »Aber jetzt muss ich an meinen Tisch, meine Verabredung wartet schon. Lass uns mal treffen.«

Ich kann mir nicht verkneifen, einen Blick nach hinten zu schmeißen.

»Wow! Dein Yogalehrer?«

»Nein. Das ist Kai, ein Arbeitskollege.«

Natürlich stellte sich später heraus, dass Yoga nicht der Auslöser für die Trennung von Jürgen war, sondern ein ganz gewöhnlicher Mann, in den Sandra sich verliebt hatte. Aber sie ist felsenfest davon überzeugt, dass Yoga ihr die nötige

Klarheit für diesen Schritt verschafft hat. Ohne Yoga hätte sie sich nie von Jürgen getrennt. Zumindest nicht so rasant.

Das war, wie gesagt, vor Monaten. Seitdem hatten wir wieder Kontakt, und seitdem versuchte Sandra mich zu überzeugen, mit ihr zum Yoga zu gehen. Ich war froh, dass sie zu dieser Zeit kein Rückenschwimmen gemacht hat, sonst hätte ich mich in ein Hallenbad schleppen lassen müssen.

So schnell war ich nicht zu überzeugen, doch Sandra gab nicht auf.

»Es tut der Seele gut«, sagte sie. »Dein Kopf wird klar, du wirst ausgeglichener sein, Durchblutung, Konzentration, Beweglichkeit, alles wird besser, du wirst von oben bis unten durchgerüttelt. Allein dieses Körpergefühl hinterher ist irre. Nichts kann dich mehr aus der Bahn werfen. Ganz theoretisch könnte ich sogar mit Hormonyoga meine Menopause rückgängig machen.«

»Aber du bist doch noch gar nicht in den Wechseljahren«, sagte ich erstaunt.

»Theoretisch, ich meine, the-o-re-tisch!«

Sandra war überzeugt, dass sie mir mit der Yoga-Stunde den Weg zu einem neuen Leben in großer Gelassenheit eröffnen würde. Der Kurs, zu dem sie mich schleppte, bestand aus Schwangeren und gestylten Frauen in meinem Alter, im Christy-Turlington- oder Gwyneth-Paltrow-Outfit. Ich war fast peinlich berührt in meiner ausgebeulten Jogginghose mit meinen Peace-Socken.

Und dann waren dort anscheinend die ganzen 20 Prozent männliche Teilnehmer vertreten, die statistisch gesehen auf sämtliche Yogakurse verteilt sein müssten. Ich gebe jetzt und hier offen zu: Die Männer, zumindest die, die in meiner Probestunde waren, fand ich befremdlich, und ich fragte mich,

ob nicht eigentlich Yoga der Grund war, weshalb Cindy Crawford den Yogi Richard Gere damals verlassen hat. Und zum
ersten Mal konnte ich auch die Männer verstehen, die sagen,
Frauen-Fußball sei kein richtiger Fußball. Ich konstatiere:
Männer, die Yoga machen, wirken auf Frauen so anziehend
wie ein abgebranntes Räucherstäbchen.

Es ging dann los, ich war auf der Matte und durfte ein Om
von mir geben. Danach begrüßte uns Sibylle, besonders die
Neuen, also mich, und hieß uns herzlich willkommen. Sie
fand es schön, dass wir zu ihr gefunden hatten, und sie riet
uns, nur so weit zu gehen, wie es uns möglich sei, und unbedingt sollten wir achtsam mit uns sein. Ich wurde rot, weil
ich an meine Zigaretten dachte. »Heute geht es besonders
um das Loslassen, was uns ja allen schwerfällt«, fuhr sie fort.
»Es geht darum, Angst und Zweifel loszulassen und durch
Vertrauen und Balance zu ersetzen, ja?«

Frauen Anfang vierzig kann man dieses Ziel wahrscheinlich gut verkaufen. Es ist doch so: Wenn wir bis vierzig von
irgendeinem Tiefschlag in unserem Leben überrascht werden, haben wir das Gefühl, noch Jahrhunderte Zeit zu haben,
um das wieder auszubügeln. Wenn es ab fünfzig nicht so
läuft, sagen wir, das seien die Wechseljahre. Aber dazwischen –
da kann man schon mal in Panik geraten.

Die Übungen waren jedenfalls anstrengend, ich schwitz-
te, wie ich schon lange nicht geschwitzt hatte, bei den Ver-
renkungen entwickelte ich einen Ehrgeiz, der wehtat und
vor dem Ärzte warnen.

»Lasse die Spitze deines Hinterkopfs von einem imaginä-
ren Faden nach oben ziehen, sodass der Nacken lang wird.
Dein ganzer Körper wird von oben durch einen Faden gehalten.«

Der imaginäre Faden, an dem ich hing und mit dem Sibylle konsequent arbeitete, bekam bei mir aber dann schon nach zwanzig Minuten einen regelrechten Durchhänger. Dieser imaginäre Faden sollte mich nach oben, dann nach unten, dann wieder nach links oder rechts ziehen. Zerren wäre besser gewesen, glaube ich. Jetzt ist er weg, der Faden, und ich bin orientierungslos.

So durch die Rippen nach vorn oder sonst wohin zu atmen, gab mir auch keine Stabilität. Neidisch schaute ich auf die Frauen um mich herum, denen die Übungen scheinbar sehr leichtfielen (die Männer ignorierte ich).

»Ich würde das nicht tun, du löschst dein inneres Feuer«, flüsterte mir Sandra zu, als ich zur Wasserflasche (aus Plastik, ich kam mir ganz schlecht vor) greifen wollte. Okay, dann eben nicht. Aber ich hatte Kopfschmerzen von den diversen Gerüchen, und ein Fenster war natürlich auch nicht auf. Wahrscheinlich, weil unser inneres Feuer gefangen gehalten werden musste.

Yoga scheint zwar bei vielen den Geist freizuschalten, aber bei manchen wird er danach gar nicht mehr eingeschaltet, so kam es mir zumindest in der Probestunde vor. Als dann die Übung mit der Feder erfolgte, war mir klar, hier waren Mattenträger und keine Yogis am Werk. »Haltet den Atem. Stellt euch vor, ihr habt eine Feder vor der Nase, die nicht wegfliegen darf.«

Ich fragte Sandra: »Und wenn die Feder wegfliegt?«

»Dann bist du tot, ganz einfach«, erwiderte sie.

Ich wollte aber leben – und war froh, als die Stunde zu Ende ging. Einen Gesang noch zum Schluss, und ich war fertig. Keineswegs entspannt oder geläutert. Im Gegenteil. Hunger, Durst, Kopfweh waren meine Mantras. Ich trank die Wasserflasche auf ex.

Ich dachte nach: Woher weiß ich denn, ob die Yogalehrerin zu Hause nicht genauso herumschreit wie ich? Wie kann ich mir denn sicher sein, dass die beim Rückwärtseinparken auf einer Hauptstraße nicht unter Stress gerät, wenn hinter ihr tausend Autos hupen? Es waren diese Zweifel, gepaart mit weichlichen Yoga-Hosen und Räucherstäbchen, die mich heimsuchten.

Ich sitze neben Sandra im Auto, sofern man das sitzen nennen kann. Eher hänge ich in den Seilen. Kein Wunder. In den letzten neunzig Minuten war ein imaginärer Faden, an dem ich hing, mein Begleiter.

»Alles okay bei dir?«, fragt mich Sandra, nicht ohne die Straße aus den Augen zu lassen. Sie ist eine gute und konzentrierte Fahrerin. Beruhigend. Was ich von einer Frau, die seit gefühlten hundert Jahren Yoga macht, auch erwarte.

»Ob alles okay ist? Nichts ist okay. Ich bin fix und fertig«, sage ich vorwurfsvoll.

»Ja, das geht jedem so nach der ersten Stunde, war bei mir nicht anders. Übung macht den Meister!«

»Sandra.« Ich muss mich zusammenreißen, dass ich nicht losschreie – wir sitzen immerhin im Auto, nicht, dass noch ein Unfall passiert (das würde mir jetzt noch fehlen). »Ich habe Hunger, bin durstig, aggressiv und habe eine sauschlechte Laune. Außerdem Kopfschmerzen von den Gerüchen!« Ständig sehe ich schmuddelige Jogginghosen, miefige Socken und Schweißflecken vor mir.

»Du übertreibst mal wieder. Wahrscheinlich hast du heute Morgen nicht ordentlich gefrühstückt. Ich fahre dich jetzt nach Hause, dann duschst du, isst was und fühlst dich um zwanzig Jahre jünger.« Sandra lässt sich von meiner schlechten Laune nicht beirren.

Augenblicklich würde es mir völlig reichen, wenn ich mich wieder so alt fühlen würde, wie ich bin und nicht hundert Jahre älter. *Yoga kennt kein Alter* lautet der Titel eines Buchs, das ich neulich in den Händen hielt. Wohl aber Altersunterschiede, denn direkt daneben stand ein Ratgeber, der sich *Yoga ab vierzig* nannte. Ich habe keines der beiden Bücher gekauft, sondern mich für das Experiment mit dem Faden am Hinterkopf entschieden.

Die Mattenträger unter den Möchtegern-Yogis geben uns oft das Gefühl, wenn wir jetzt nicht mitmachen, sind wir wie Aussätzige. So wie jemand, der in einer Runde glücklicher junger Eltern sagt, dass er nie eigene Kinder wollte, oder wie jemand, der in der Lufthansa-Sky-Lounge einem Meilen-Millionär verrät, dass er noch nie in New York war. Der stille Vorwurf, wir würden nicht an uns arbeiten, wir würden nicht weiterkommen – das ist das Gemeine. Aber da machen wir nicht mit. Wenn wir Yogastunden nehmen, ein Bild von Buddha aufhängen, Räucherstäbchen abfackeln und unseren Hund auf vegetarische Kost umstellen wollen, dann ziehen wir das ohne diese Gutmensch-Nummer durch.

Sehen wir das alles gelassen – darum geht's beim Yoga, und darum geht's auch im Leben. Und wenn wir mal auf ein Rudel wild gewordener Mattenträger treffen, die uns auf den Geist gehen, dann wehren wir uns mit einer These wie: Yoga macht dumm! Gehen Sie aber davon aus, dass man Sie nicht mehr einladen wird.

Wollen wir uns jedoch zivilisiert und niveauvoll daneben-benehmen, also wehren, und wollen nicht so uncharmant und rüde daherkommen wie ich manchmal, dann sagen wir todernst: »Ach, ich hab's nicht mit dem Yoga. Das ist so gar nicht meins.« Dann machen wir eine kurze, aber eindringliche Pause und fügen hinzu: »Seit ich über vierzig bin, laufe ich lieber jeden Tag eine Stunde zügig durch den Wald und umarme Bäume.«

Und statt uns zu quälen, könnten wir auch einfach mal ausschlafen, faulenzen oder Freunde treffen. Auch das entspannt.

12

Von uns gibt es keine selbst gemalten Bilder

Also, ich weiß nicht, was derzeit los ist. Auch so ein Ding, das mit vierzig anfängt: Hobbys für Hobbylose. Mir war erst nicht klar, was wir »Ü40er« noch so alles an Hobbys auffahren, doch dann war ich umso erstaunter, was mir da zu Ohren kam. Allein in meinem Bekanntenkreis tummelt sich seit Neuestem eine Horde Kreativer. Da ist die Serviettenkunst eines der kleineren Übel. Collagen werden angefertigt, Pompons gebastelt, nein, keine Pornos – das hatte ich nämlich erst verstanden.

Amelie macht jetzt Seidenmalerei. Der Einzige, dem ich zutrauen würde, auf diesem Gebiet etwas zustande zu bringen, ist Karl Lagerfeld. Abgesehen davon war mir neu, dass Amelie außer einem Smiley überhaupt etwas malen kann. Jetzt hat sie mir einen eigenhändig verzierten Seidenschal geschenkt. Ich trage ihn jedes Mal, wenn wir uns sehen – und denke dabei an den Spruch, den sie mir damals ins Poesie-Album geschrieben hat: »Unsere Freundschaft, die soll wurzeln, bis wir in die Grube purzeln.«

Ab vierzig laufen Frauen oftmals mit einer Staffelei herum, richten sich ein Atelier im Flur ein und halten sich für einen verkappten van Gogh. Andere fangen an, auf einem Instrument zu klimpern.

Ich weiß, wovon ich rede. Schon vor Jahren habe ich versucht, mit Salz (grobes Meersalz) und Pfeffer (richtige Pfefferkörner) auf Leinwänden zu arbeiten. Ich dachte, das sei phänomenal, also die Idee, und es würde, weil ja die Idee großartig erschien, nicht so darauf ankommen, wie solch ein Bild angelegt ist. Viele Tuben mit Industriekleber habe ich da verbraucht … Eigentlich möchte ich nicht mehr darüber reden.

Ab vierzig ist die große Zeit, noch mal etwas Neues zu lernen, das nachzuholen, was man schon immer mal machen wollte. Und das ist ja eigentlich schön und interessant. Nervig wird es nur, wenn wir es aus dieser Panik heraus betreiben, die in uns allen ist und die uns ständig zuruft: »Mach was!« Es kommt scheinbar ganz von innen aus uns heraus. Ein authentischer Reflex? Vielleicht ja, aber gleichzeitig ruft uns das nicht nur unser Inneres zu, sondern wir hören es in jeder Talk-Sendung, in jeder Werbung. Mach was aus dir! Du musst alles ausprobiert haben! Bleib nie stehen! Das sind quasi die Glaubenssätze unserer Gesellschaft. Dass das nicht nur aus unserem Inneren kommt, sondern uns quasi eingetrichtert wird, merken wir aber oft gar nicht und rennen wie aufgescheuchte Hühner los, um unsere kreative Seite auszuleben.

Lulu hatte mich zu einem Malkurs überredet. Ein Ü40-Kurs. Diese Kunstschule, sie nennt sich Painter-Atelier XXL, hat das natürlich im Prospekt anders verpackt, aber die Beschreibung hat keinen Zweifel daran gelassen, dass genau wir die Zielgruppe sind. Und hier sind wir nun also. Rauchpause, heimlich hinterm Haus, denn Rauchen kommt nicht gut an. Wann musste ich das letzte Mal heimlich hinterm Haus rauchen?

»Die Weiber machen mich fertig – die sind ja so was von anstrengend. Ts, ts, ich weiß nicht, ob das mit dem Malkurs so eine super Idee von mir war«, sagt Lulu.

»Wer's braucht ...«, sage ich lapidar und denke an ihr letztes Essen. Jeder Gast musste sein Gegenüber malen. Dafür hatte sie extra riesige Blöcke besorgt und Edding-Stifte in allen Farben. Dicke Edding-Stifte, damit man wahrscheinlich erst gar nicht auf den Gedanken kam, etwas Liebliches zu zeichnen. Der Gedanke war vom Ansatz her ja nett gemeint, aber die Stimmung ging kurzzeitig den Bach runter. Es begann damit, dass Marco, der Freund von Lulus Freundin Stella, diese nackt mit einem ziemlich großen Busen malte. Daraufhin sagte Daniel, der schräg gegenübersaß: »Na, na, na, hier ist wohl der Wunsch der Vater des Gedankens.« Alle lachten, doch Stella war bedient. Und da fiel mir wieder ein, dass Daniel mal was mit Stella gehabt hatte. Unverschämter Kerl! Und als Lulu ihrem Mann braune statt grüne Augen malte, war auch hier eine leicht gereizte Stimmung zu spüren. Und das, obwohl Lulu Stein und Bein schwor, das sei künstlerische Freiheit und sie hätte es extra gemacht. Geglaubt hat ihr das niemand, schon gar nicht ihr Mann, der sich jetzt nicht mehr sicher sein konnte, ob Lulu ihm schon einmal in die Augen geschaut hatte.

Hatte ich gedacht, dass ich das bräuchte? Womöglich. Aber bislang schien nur die Kursleiterin, Frau Painter persönlich (und ich dachte, das sei ein Fake-Name), von unserem Tun zu profitieren, nämlich von der Kursgebühr.

Lulu ahmt den leicht gelangweilten Ton von Frau Painter nach: »Lulu, dein Bild wirkt auf mich ziemlich laut.« Genau

117

wie die besagte Dame hält sie sich dazu die Ohren zu. »Handwerklich ist es äußerst behutsam und subtil ausgeführt, aber irgendwie auch sehr verkrampft und zurückgenommen, noch nicht ausgereift. Das vertiefen wir aber in Kurs II.«

Lulu macht jetzt eine abschlagende Bewegung: »Kurs II wird's bei mir nicht mehr geben. Das sage ich dir jetzt schon. Ich male noch dieses nicht ausgereifte Bild zu Ende – und gut ist. Von dem Geld hätte ich mir auch eine schöne unverkrampfte Tasche kaufen können.«

»Wie malst du denn eigentlich, im Picci-Stil?«

Bislang durften wir die Werke der anderen nicht betrachten.

»Witzig. Picasso liegt mir nicht. Ich male im Bauhaus-Stil, kantig, kastig, schön klar. Ich zeichne unseren Wohnungsgrundriss nach und verfremde ihn zu einem Indianer – das Bild hänge ich auf die Terrasse.«

Ich wundere mich. Denkt Lulu tatsächlich an Indianer, wenn sie Bauhaus-Grafiken sieht? Ich kommentiere das nicht weiter, dennoch mache ich mir Sorgen um Lulus Terrasse.

»Lulu, es ist sehr eindringlich, was du sagst – diese Wirkung könnte sich aber schnell abnutzen und unvorteilhaft wirken, vor allem, wenn du nicht weißt, welche Augenfarbe dein Objekt hat«, sage ich stattdessen und versuche, den Ton der Lehrerin zu treffen.

Während Lulu und ich es bei diesem einen Mal-Abenteuer belassen haben, macht Iris den dritten Zeichenkurs. Schwerpunkt: das Zeichnen von Mangas. Irgendwie erstaunlich bei einer Kölnerin, die null Bezug zu Japan hat. Aber seitdem man ihr das Buch *How to Draw Mangas* geschenkt hatte, ist sie wie von Sinnen und übt, diese Comicfiguren zu zeichnen – oder sie tut wenigstens so. Ich glaube, dass ihr nichts

Besseres eingefallen ist und sie sie einfach abpaust. Jedenfalls hat jeder ihrer Freunde mindestens einen dieser japanischen Melonenköpfe mit Doppel-D-Brüsten, Augen wie Momo und Wimpern (ihr Steckenpferd) wie Spinnenbeine zu Hause an der Wand hängen.

Michelle geht seit zwei Monaten zum Töpfern. Ich dachte, das sei ein schon ausgestorbenes Handwerk. Möglicherweise ist sie erst jetzt darauf gekommen, weil sie kürzlich im Nachmittagsprogramm diesen bald fünfundzwanzig Jahre alten Film mit Demi Moore gesehen hat, *Ghost – Nachricht von Sam.* Darin geht es ja hauptsächlich um das Töpfern, soweit ich das richtig in Erinnerung habe. Gut in Erinnerung habe ich jedenfalls Demi, wie sie verführerisch an der Töpferscheibe sitzt und erotisch vor sich hin töpfert – war es nicht sogar eine Art Penis? –, während der extrem klasse aussehende Ghost, gespielt von Patrick Swayze, nicht weniger erotisch hinter ihr steht. Und wie gesagt, ich glaube, dass Michelle diesen Film gerade zum ersten Mal gesehen hat. Vielleicht hofft sie auf einen extrem klasse aussehenden Geist, der ihre Hände führt. Oder sie wünscht sich, dass Patrick Swayze auferstehen möge, jedenfalls töpfert sie auf Teufel komm raus Aschenbecher, Übertöpfe, Serviettenringe, Krüge, Schalen, ja, sogar ein kleines Regal für ihre Gewürze. Michelles Sex allerdings hat davon noch nicht profitiert. Na ja, sie heißt ja auch nicht Demi.

Alma legt ihre ganze Liebe in die Stickerei. Das gipfelte dann an ihrem fünfundvierzigsten Geburtstag in einer Einladung bei einem Nobelitaliener: »Essen mit Ausstellung«, hieß es auf der Karte. Wir mussten selbstverständlich erst die Werke bewundern, ehe wir uns zum Essen niederlassen durften. Der Italiener hatte dafür einen Abstellraum entrümpelt, und dort gab es Almas Werke zu sehen. Nein, nicht nur Tischdenken oder Kissenbezüge werden heutzutage bestickt, wir leben ja im 21. Jahrhundert. Dank pfiffiger Hersteller, die sich auf verrückte Stickobjekte spezialisiert haben, kann heutzutage alles, na ja, fast alles, was bei drei nicht auf dem Schrank ist, bestickt werden. Vom Blumentopf bis zum Garderobenbügel, von der Kosmetiktücher-Box bis zum Spiegel, vom Cola-Dosen-Halter für das Auto bis zum Kerzenständer.

Ulli wiederum tobt sich am Sandstein aus und erstellt schrecklich unerotische Frauenskulpturen. Mareike malte bis vor einem Jahr Leute von Fotos ab, großflächig auf einer Leinwand. Sie fand das besser, als mit Anfang vierzig durch die Clubs zu ziehen, und außerdem, so meinte sie zur Erklärung, hätte man so immer ein schönes Geschenk. Aber damit ist es jetzt vorbei. Scheinbar hat sie keine Lust mehr. Jedenfalls zieht sie jetzt doch wieder durch Clubs, aber nicht mehr jedes Wochenende. Sie kreiert und klebt ja auch noch riesige U-Boote aus Filzresten zusammen und nennt ihre Werke *»under construction 1«*, *»under construction 2«*, *»under construction 3«*. Derzeit ist sie bei Nummer 34 angelangt. Demnächst plant sie eine Ausstellung in ihrer Bank, weil sie den Filialleiter recht gut kennt.

Janina hat in den letzten vier Jahren drei Instrumente gelernt – Mundharmonika (ging nicht, weil der Hund immer so laut mitgejault hat, wenn sie üben wollte), Percussion (aber die Percussionisten haben ihr nicht diszipliniert genug geübt) und zuletzt Bass. Sie will jetzt eine Band gründen und hofft, dass die für Kreuzfahrten gebucht wird – sie würde bei den Auftritten nur rote Pumps und ein langes weißes Hemd tragen und fände das supererotisch. Über Facebook informiert sie fast wöchentlich über den Entwicklungsstand ihres Könnens und postet Fotos von sich mit Bass, aber noch ohne Band.

Lotte quält seit Kurzem das Klavier samt Lehrer, vorher fand sie ihr Leben zu wenig inspirierend und wollte eigentlich mit der Familie nach Neuseeland auswandern. Die Familie weigerte sich aber natürlich.

Nina hat sich dem Ausdruckstanz verschrieben, wobei sie bisher sehr höflich ihren Freunden gegenüber ist, weil sie uns bislang nicht vorgetanzt hat. Noch nicht. Langsam denke ich jedoch, auch dieser Tag wird kommen. Ich habe Angst.

Es gibt allerdings Dinge zwischen Himmel und Erde, die ich für sehr viel bedrohlicher halte als Ninas Ausdruckstanz. Denn manche Freizeitbeschäftigung greift viel tiefer in unser aller Leben ein als ein simples Hobby.

Unbehagen bereitet mir beispielsweise dieses spirituelle Gedöns der Frau ab vierzig. Manchmal habe ich das Gefühl, das ist einfach Rache. Rache für den Haushalt, der jahrelang geführt wurde, Rache für die Unmengen an Hemden, die gebügelt wurden, Rache für herumfliegende Socken und Unterhosen und vergessene Hochzeitstage, um es mal auf den Punkt zu bringen. Vergessen ist ja bei den Hochzeitstagen weniger schlimm als das nicht bekommene Geschenk.

Da mag es für manch eine Frau spätestens mit vierzig nur konsequent sein, sich dem Spirituellen zuzuwenden. Stichwort: Chakren aktivieren. Geistheilung. Solche Dinge eben.

Melly kann seit Kurzem Auren sehen (oder irgendwie wahrnehmen), und sie ist überzeugt davon, dass Auren auch diejenigen beeinflussen, die sie nicht sehen. Nur, dass sich die meisten da nicht richtig drauf einlassen. Da wäre ich jetzt ein gutes Beispiel. Ich könnte mir im Prinzip meine Aura von

Melly massieren lassen. Würde ich dann behaupten, ich würde nichts merken, müsste ich mir wieder anhören, so wie es letzte Woche der Fall war, dass meine Aura total verkrampft sei und dass ich mal zu so einem spirituellen Treffen mitkommen solle. Aber ich weigere mich bislang.

Gedämpftes Licht, sphärische Klänge (Walgesänge!), Duftstäbchen und ein Raum, der mindestens achtundvierzig Stunden lang nicht gelüftet wurde, nein danke, Melly, nicht mit mir. Irgendwo hört die Freundschaft auf. Ich kenne Murphys Gesetz, und das reicht mir. Mein übersinnlicher Bedarf ist gedeckt.

Annabel hat das Wandern entdeckt. An sich eine schöne Freizeitbeschäftigung. Aber es dreht sich hier um schamanische Seelenwanderungen. Ich kapiere auch immer noch nicht, was da und wie genau es abläuft. Sosehr ich mich bemühe, ich bekomme nicht aus Annabel heraus, ob sie bei ihrem Tun effektiv »wandert«, das heißt, sich dabei von A nach B bewegt und (hoffentlich) zu irgendeinem Zeitpunkt wieder zurückkommt – oder ob Annabel einzig und allein in der eigenen Vorstellung wandert und insofern in unendliche Tiefen der eigenen Seele vordringt, dabei aber im Wesentlichen sitzt. Diese Frage sei eine Nebensächlichkeit, für den Seelenwanderer völlig unerheblich, hat sie mir schnippisch geantwortet.

Sicher kann ich sein, dass es bei dieser Wanderung allemal in die Tiefe geht. Wenn man Glück hat, begegnet man dort seinem persönlichen Krafttier! Das Krafttier führt einen dann durch die Unterwelt, hilft dabei, seltsame Dinge zu deuten und zu verstehen, kennt den Weg durch die Unterwelt und vor allem wieder heraus. Das Beste ist, dass das Krafttier immer auch Tipps und Hinweise parat hat, die gar nicht die Unterwelt, sondern das ganz normale Leben betreffen. Ein richtiges Beispiel hat Annabel mir da nicht nennen können, aber das bekomme ich noch heraus.

Die gute Nachricht ist: Wer mit Anfang vierzig keinerlei spirituelle Neigung verspürt, kann dennoch kreativ sein und sich austoben, und zwar ohne dafür einen Malkurs besuchen zu müssen. Auch hier plädiere ich wieder dafür, dass wir unser eigenes Ding machen, also schon bei der Wahl unseres neuen Hobbys kreativ sind. Lassen wir uns in eine Modellkartei aufnehmen oder machen wir Werbung für Nivea. Versuchen wir, die Synchronstimme von Jennifer Aniston zu werden, eine Autogrammkarte von abgedrehten Hollywoodstars zu bekommen (die von Brad und Angelina kriegt natürlich einen Ehrenplatz im Badezimmer) oder Karten für die Berlinale zu ergattern. So können wir ein cooles Video mit unserer Freundin drehen und versuchen, das auf YouTube hochzuladen.

Wir könnten auch E-Mails an berühmte Persönlichkeiten schreiben, die wir schon immer toll oder unmöglich fanden, und abwarten, was passiert. Statistin in einem *Tatort* sein, ein Picknick organisieren, einen Film über die Freunde drehen. Verstehen Sie, was ich sagen will? Die einen machen ab vierzig Werbung für Nivea, die anderen eine schamanische Reise.

Alles ist möglich, wenn wir wissen, was wir wollen, was wir mögen und was nicht – und das wiederum wissen wir jetzt manchmal ein bisschen besser als früher. Von dieser Basis aus können wir doch einfach einmal etwas wagen, etwas Schräges anstellen.

Und wenn wir Spaß mit dem Krafttier haben? Meinetwegen. Meinetwegen auch Malen, meinetwegen Klavier lernen.

Aber manchmal ist es wirklich empfehlenswert, diese Freuden für sich zu behalten. Und die Kunstwerke erst recht. Kunst soll Gefühle erzeugen und andere Menschen erfreuen. Manche können das, aber man muss auch sagen, dass kaum etwas beschämender ist als jemand, der Kunst macht und es nicht kann.

Stellen Sie sich einfach vor, ich würde Ihnen sagen, ich wolle jetzt mit siebenundvierzig noch mal eine Karriere als Ballerina starten. Oder noch mal beim Eiskunstlauf ganz oben auf dem Treppchen stehen. Da würden Sie mir doch auch einen Vogel zeigen, oder?

Und bilden wir uns doch bitte nicht ein, in uns würde da so ein Talent schlummern, das nur herausgelassen werden muss. Ein unentdecktes Genie quasi. So einfach ist das nicht mit dem Genie und dem Talent. Der amerikanische Journalist Malcolm Gladwell schreibt in seinem Buch *Überflieger*, dass man 10 000 Stunden üben muss, bis man etwas richtig kann. Das sind, wenn ich richtig gerechnet habe, mehr als vierhundert Tage, das heißt: mehr als ein Jahr. Mehr als ein Jahr, in dem wir nichts anderes machen, als unser neues Hobby zu üben. Ohne zwischendurch wenigstens mal zu schlafen.

Es ist eher unwahrscheinlich, dass Ulli, Alma, Janina und Amelie oder wer auch immer, mich eingeschlossen, irgendetwas zuwege bringt, das andere Menschen tatsächlich beglückt. Es gilt also, sich im Stillen zu freuen, anstatt etwas auf Anfängerinnen-Niveau zu betreiben und es dann allen wie ein kleines Kind zum Bewundern hinzuhalten.

Und vielleicht ist ja doch irgendwann die ein oder andere Person im Freundeskreis ganz scharf auf einen bestickten Flaschenöffner oder ein Melonen-Manga. So wie Stella still und leise angefangen hat, ihre Schuhe mit Hunderten von Steinchen zu bekleben, und ich sie irgendwann genötigt habe, mir meine Ugg-Boots auch so zu designen.

13

Wir arbeiten an allem, nur nicht an unserer Beziehung

Wenn uns Goldschnitten mit zwanzig ein Dödel nicht gepasst hat, dann haben wir uns von ihm getrennt – und das war nicht die schlechteste Methode. Sie hat uns vor so manchem Dödel bewahrt. Vergessen wir das nicht. Manche sagen sogar, wir hätten das einmal mehr tun sollen. Dann gäbe es das Problem nicht, von dem in diesem Kapitel die Rede ist. Ab vierzig haben Frauen nämlich Angst, dass der Partner wegläuft, und ergreifen deswegen grausame Maßnahmen: So kultivieren einige den Partnerlook. Dabei geht es doch auch ohne beides. Ohne Partnerlook und ohne Partner.

Ich wusste es. Irgendwann wird's komisch bei Nadja und Till. Seit Kurzem, eigentlich seit diesem Mal-Abend bei Lulu, hat Nadja ein imaginäres Netz über sich und ihren Ehemann gespannt. Dieses Netz heißt: »Wir gehören zusammen, und das zeigen wir auch.« Ich möchte ergänzen: »Ob ihr es wissen wollt oder nicht.« Generell hat Nadja, seit sie vierundvierzig ist, das Gefühl, sie müsse an ihrer Beziehung arbeiten. Dieses Gefühl suchte sie gerade zu der Zeit heim, als ihr Mann eine neue, gut aussehende Kollegin bekam. Früher hätte sie sich einen Teufel drum geschert.

Nadja sagt, sie arbeite rund um die Uhr, sieben Tage die Woche, an ihrer Beziehung. O mein Gott! Sofort hat mich das schlechte Gewissen gepackt, weil ich auch viel arbeite, nur nicht an meiner Beziehung. Und ich bin schon gefühlte tausend Jahre verheiratet. Also noch mal: Ich arbeite überhaupt nicht an meiner Beziehung. Und mein Mann arbeitet auch viel, aber auch nicht an der Beziehung. Bis jetzt hat mich das nicht unglücklich gemacht.

Nadja war in ihrer Ehe mit Till sehr zufrieden – jedenfalls vor der gut aussehenden Kollegin. Nun aber sah sie sich veranlasst, das Netz zu spannen, dass Frauen so gern spannen, wenn sie meinen, ihr Mann könnte abtrünnig werden und sich doch noch mal umorientieren. Männer in der Midlife-Crisis, da hat man ja schon einiges gehört. Und keineswegs nur Gutes. Nadja dachte: Bitte nicht jetzt! Ich bin nicht mehr die Jüngste, ich bekomme keinen mehr ab. Wer versorgt mich dann? Ich liebe mein Haus, meinen Garten, mein tolles Auto. Das kann ich mir doch allein gar nicht leisten!

Die eine investiert Unmengen Geld in Reizwäsche, die andere malträtiert sich mit unbequemen Strapsen unterm Rock, weil sie glaubt, *sie* müsse ihr Liebesleben auffrischen. Wieder andere quälen sich in High Heels, in der vagen Hoffnung, es ließe ihre Beine schlanker erscheinen und sie selbst insgesamt sexyer.

Ganz schlimm sind ja Aktaufnahmen von schlechten Fotografen und Pseudo-Visagisten, die dann auf einmal ins Spiel kommen. Supermarktspray-gestählte Haare und semiprofessionelles Make-up suggerieren: »Ja, ich bin noch erotisch, mein Hase!« Letztens, im Schlafzimmer von Hella, einer alten Bekannten, zeigte sie mir einen solchen Akt von sich: »Guck mal, hab ich machen lassen, extra für Klemens.« Meine

Güte, auf dem Foto lag Hella, in voller Pracht, umhüllt von schwarzer Seide, sie sah aus wie ein Stück Grillkohle auf rotem Samt. Ich sehnte mich zurück nach dem Poster von der rauchenden Marlene Dietrich, das früher an dieser Stelle gehangen hatte.

Jetzt frage ich Sie: Käme da ein Mann drauf? Nein!

Doch es wird noch besser. Einige Frauen, die um ihren Mann fürchten, schießen ihre Identität sogar komplett auf den Mond und reden nur noch in der Wir-Form: »Wir essen ja am liebsten abends warm, wir trinken nur Rotwein, wir putzen unsere Zähne nur noch mit der elektrischen Zahnbürste, wir vertragen gar keinen Knoblauch mehr …« Viele Paare verschmelzen so zu einem dicken Klumpen, dessen einzelne Bestandteile mit bloßem Auge gar nicht mehr zu erkennen sind.

Wer sich zwanghaft in diesem Wir-Gestammel ausdrückt, versucht ein »Wir« meist auch im Äußeren zu demonstrieren: Nadjas spezielles Netz, das sie wie eine Spinne um ihren Mann webt, heißt Partnerlook.

Als Nadja mit Till zum Essen zu uns kam, dachte ich mir anfangs noch nichts Schlimmes. Sie trug ein hellblaues weites Hemd, er ebenfalls. Dass sie den gleichen schrecklichen Anorak anhatten, hielt ich für einen grauenhaften Unfall, ein Missgeschick. Das nächste Mal, als wir sie sahen, kamen beide in einem beigefarbenen V-Pullover daher, darüber eine dieser Steppwesten in Blau – das erschien mir dann doch schon merkwürdig. Als ich sie dann aber in der Stadt traf, in hellblauen Polohemden mit grünen Chucks, stieg in mir ein ungeheuerlicher Verdacht auf.

»Sag mal, tragt ihr jetzt immer die gleichen Klamotten, oder war das Zufall die letzten Male?«, hakte ich nach, als wir das nächste Mal miteinander telefonierten.

»Ist dir das etwa aufgefallen?«, fragte sie verwundert. »Aber es stimmt, es ist kein Zufall! Im Fernsehen habe ich ein Ehepaar gesehen, das seit dreiundzwanzig Jahren Partnerlook trägt, sogar wenn sie kurz voneinander getrennt sind! Und sie sind immer noch zusammen – ist das nicht rührend?«

»Das ist krank«, sagte ich.

»Ich arbeite eben an meiner Beziehung«, erklärte Nadja. »Diese Frau aus dem Fernsehen, also die mit dem Partnerlook, hat in dem Interview gesagt, das Fundament einer glücklichen Ehe seien gleiche Hobbys, gleiches Essen und gleiche Kleidung. Und ich glaube, dass sie damit nicht unrecht hat.«

»Und ich glaube, dass mir gleich schlecht wird. Der Typ wird seine Frau irgendwann mit dem gleichen Essen beim gemeinsamen Hobby Malen nach Zahlen erschlagen.«

»Das ist mir klar, dass du das nicht verstehst. Es ist mir sowieso schleierhaft, warum du eigentlich geheiratet hast, wenn du deinen Mann eh nie siehst.«

Ich wollte gerade antworten, ob ich ihn verlassen sollte, weil er so viel unterwegs sei, aber das verkniff ich mir. Zumal ich mir meinen Mann wirklich nicht danach ausgesucht habe, wie oft er zu Hause ist. Das fehlte noch. Ich hab genug um die Ohren. Das mal nebenbei.

»Nadja, Partnerlook! Du!«, sagte ich stattdessen. »Du hast dich früher geweigert, mit mir auszugehen, wenn wir beide eine schwarze Lederjacke anhatten! Und jetzt willst du so deine Zugehörigkeit zu deinem Mann zeigen, ihn so an dich binden? Ich fasse es nicht. Du willst doch jetzt nicht ernsthaft die nächsten Jahre in den gleichen Klamotten wie dein Till herumlaufen. Was sagt der denn überhaupt dazu?«

»Er hat es noch gar nicht gemerkt.«

Er merkte es noch nicht einmal! Das war doch frustrierend. Jetzt fehlte nur noch, Nadja würde sagen: »Aber das Gänseblümchen hat doch damals gesagt, er liebt mich.« Ehrlich. Mensch!

Hier habe ich einen Grund, an alle Singlefrauen zu appellieren, die eine Beziehung als das wahre Glück ansehen. Ja, liebe Singles! Es lohnt sich, genauer hinzuschauen. Denn so kann es auch sein, wenn man ab vierzig noch verheiratet *ist*. Locker ist etwas anderes – da geratet ihr ins Grübeln, nicht wahr? Da brauchen wir eine Strategie, um unbefangen zu bleiben oder zurück zur Unbefangenheit zu finden. Und diese Strategie setzt ein, wenn wir uns mit dem Schlimmsten beschäftigt haben – uns selbst zu verlieren und kneifende Strapse zu tragen oder zu einer panischen Frau im lächerlichen Partnerlook zu werden. Dann kommen wir auch irgendwann wieder im Hier und Jetzt an und bestellen den Champagner. Und zu diesem Zeitpunkt tragen wir garantiert keine kneifenden Strapse mehr, sondern höchstens einen Trenchcoat von Burberry und nichts drunter.

Die Strategie heißt: keine Angst. Denn Angst isst bekanntlich die Seele auf und ist nur in lebensbedrohlichen Situationen sinnvoll. Oder hat die Angst vor dem Seitensprung jemals irgendeinen Kerl davon abgehalten, seiner neuen Kollegin auf die Beine zu schauen? Wir brauchen überhaupt keine Angst zu haben, Angst sollten wir uns abschminken. Wir benötigen weiß Gott keine zweite Hälfte, um komplett zu sein.

Seien wir doch ehrlich. Kommt ein Mann auf die Idee, mit uns zum Ikebana-Kurs zu gehen? Nein. Kommt ein Mann auf die Idee, mit uns zum Power Plate zu gehen? Nein. In der Volkshochschule Spanisch zu lernen? Nein. Und recht hat er! Nur wir bestehen natürlich darauf, ihn beim Motorradurlaub mit seinen Kumpels in Patagonien zu begleiten, obwohl wir höllische Angst haben, wenn wir auf so einer Maschine sitzen. Und wir lassen uns auch die Atlantiküberquerung in seinem neuen Boot nicht ausreden, obwohl wir so leicht seekrank werden.

Warum sind wir bloß so versessen darauf, dieses Netz zu spannen, als gäbe es kein Morgen? Unsere Zeit ist ja auch knapp. Aber warum fangen wir deshalb an zu klammern? Warum hören wir plötzlich diese idiotischen Stimmen, die an unserem Selbstbewusstsein nagen? Warum hören wir überhaupt zu, was diese Stimmen so an Hasenmist verbreiten? Warum interpretieren wir in alles etwas hinein? Wollten wir mit zwanzig wirklich so sein? Bestimmt nicht! Wir fordern die Männer ja geradezu heraus, an uns zu zweifeln. Haben wir denn überhaupt Grund zur Besorgnis – wenn ja, dann wird's Zeit, die Sache anzugehen oder zu beenden.

Die Schauspielerin Lauren Hutton war fünfundzwanzigmal auf dem Cover der *Vogue* zu sehen, sie ist letztes Jahr siebzig geworden und immer noch eine Goldschnitte. Sie schafft es, dass ich wieder total motiviert ins Leben gehe, wenn ich an eine Geschichte von ihr denke: Ihr Partner Bob Williamson, mit dem sie zwanzig Jahre lang zusammen war, entpuppte sich als bittere Enttäuschung. Er bediente sozusagen das Klischee schlechthin, das Trauma jeder Frau. Erstens betrog er Lauren, zweitens brachte er ihr gesamtes Vermögen durch (und das war nicht wenig), und dann hat er auch noch wenige Tage vor seinem Tod seine junge Freundin geheiratet. Und was macht Mrs. Hutton? Sie schaffte es trotzdem, ihm zu verzeihen, weil sie so klug ist. So weise und so fein.

Sie konzentrierte sich aufs Wesentliche und meinte: »Er war der beste Begleiter für meine Reisen, den man sich vorstellen konnte – er war jeden Penny wert, den ich verloren habe.«

Mit dreißig heißt es: »Lass uns doch mal wieder richtig einen draufmachen und die Nacht rocken.« Mit vierzig heißt es: »Wir müssen wirklich mehr an unserer Beziehung arbeiten.« Ich kann's nicht mehr hören. Arbeiten! Wirklich nicht. Da wird Arbeit mit »Kompromiss« verwechselt. Das ist es. Wenn überhaupt, dann besteht eine Beziehung, egal, ob Liebe, Freundschaft oder meinetwegen auch Verwandtschaft, aus Kompromissen und dem Versuch, den anderen zu verstehen. Und das ist meiner Meinung nach keine Arbeit. Das ist Spaß an der Sache.

Viel effektiver als jede wie auch immer getarnte »Beziehungsarbeit« ist, sich an die zehn Goldschnitten-Regeln zu halten, die noch nie fehlgeschlagen sind:

1. Niemals im Partnerlook gehen, außer nachts und nackt – generell hat das Tragen einer gleichfarbigen Daunenjacke noch keine Ehe oder Partnerschaft gerettet.
2. Lieber nichts versprechen – besser alles beweisen.
3. Beschenken Sie sich und Ihren Partner, lachen Sie und haben Sie Spaß am Leben – das hat schon so manchen Typen zurückgeholt (und wenn nicht, dann hatten Sie wenigstens Spaß).
4. Verblüffen Sie. Sagen Sie einen Satz, den Sie noch nie gesagt haben (»Ich könnte gerade ein Schwein reißen, so einen Hunger habe ich«), ziehen Sie etwas an, das Sie noch nie getragen haben (das muss man nicht auf die Unterwäsche beziehen), kaufen Sie Karten für den Musikantenstadl, besaufen Sie sich vorher und gehen dann zusammen hin.

5. Konzentrieren Sie sich darauf, dass es Ihnen gut geht.
6. Beobachten Sie Ihren Partner nicht mit Luchsaugen.
7. Seien Sie ein bisschen mehr Königin. Spätestens ab vierzig müssen wir nicht mehr für ein Glas Prosecco zum Tresen laufen, sondern wir lassen uns das Glas bringen, und zwar Champagner.
8. Und stellen Sie sich niemals für schlechte Aktfotografien zur Verfügung. Einzige Ausnahme: Der *Playboy* unterbreitet Ihnen ein Angebot.
9. Und wenn es denn so sein soll, obwohl wir alles getan haben, außer uns zum Affen zu machen, er aber trotzdem über alle Berge ist, so entscheiden wir uns natürlich wie Gwyneth Paltrow für die *bewusste Entpaarung.* Wirklich, das Wort hat sie nach ihrer Trennung von Coldplay-Frontmann Chris Martin ins Spiel gebracht, und es bedeutet so viel wie: »Wir geben uns so circa fünf Wochen, verabschieden das Trennungstrauma, gewinnen Kraft und Energie zurück und erfinden das Leben neu.« Ganz einfach. Banal Schluss machen kann ja schließlich jeder. Außerdem kommt *immer* was Besseres nach. Wirklich. Das ist wichtig zu wissen. Ach ja, und dann kaufen wir was gegen Herzschmerzen, nämlich Schuhe. Und der Satz »Wir können ja Freunde bleiben« ist genauso sinnig wie dieser: »Deine Katze ist tot, aber du darfst sie behalten.«
10. Interessieren Sie sich zunehmend für sich selbst, machen Sie sich selbst glücklich. Achten Sie auf sich, und zwar konsequent! Das macht einiges leichter.

14

Mut zum Wunsch

Wir haben alle denselben Drang, die eine mehr, die andere weniger. Es ist der Drang, sich sagen zu können, dass wir Nützliches tun. Das nimmt zu. Und wenn wir es tun, dann wollen wir es auch noch allen zeigen. Auch hier scheint die Vierzig wie ein Turbo zu wirken. Denn Frauen über vierzig wollen offensichtlich nichts mehr, sie wollen nur noch, dass man spendet. Weil sich keine mehr traut zu sagen, dass sie eigentlich gern einen total unnötigen, überteuerten, dafür aber wunderschönen Schlüsselanhänger von Tiffany hätte. Hier muss Mut zum Wunsch her!

Ich öffne den Briefkasten und erkenne sie sofort: die Einladung. Ich erkenne sie an dem apricotfarbenen Umschlag, und es ist Penelopes Schrift. Stimmt, nächsten Monat hat sie Geburtstag. Wir ahnen es. Sie wird vierzig!

Ich reiße den Umschlag auf und wette mit mir selbst, was sie sich wünscht. Nichts. Und ich habe die Wette gewonnen. »Statt Geschenken bitte ich um eine Spende …« Seufz. Wieder einmal will jemand die Welt retten, und zwar auf meine Kosten. Wie gern würde ich mal dorthin spenden, wohin ich will. Aber mein Budget ist jetzt schon begrenzt. Der Hahn wurde mir von meinen Freunden und Bekannten zugedreht. Schluss. Aus. Hilfe! Wir können nicht mehr feiern! Mit den Falten, ab dem vierzigsten Geburtstag kommt die Charity-Phase, die einhergeht mit der geordneten Phase, dem Ausruhen, dem Käse-und-Wein-Gedöns. Hereinspaziert in den Club der Langweiler und Genussmenschen. Ja zu Charity, Nein zu Party! Ja zur Überweisung, Nein zum vom Aussterben bedrohten Pralinenkasten.

»Ich brauch nichts mehr, ich hab doch alles«, sagt Penelope mir halbherzig, als ich sie bei einem Telefonat darauf anspreche.

»Seitdem ich dich kenne, und das sind jetzt über zehn Jahre, schwärmst du mir von diesem Portemonnaie vor. Diese Sonderanfertigung in deiner Farbe und mit deiner Glückszahl.« Angeblich bringt ihr die Zahl 22 Glück.

»Das kann ich mir ja wohl schlecht wünschen.«

»Wieso nicht? Natürlich kannst du. Darf man ab vierzig keine Wünsche mehr haben? Du musst dir das Portemonnaie ja nicht gleich von deiner Nachbarin wünschen, aber von deinen besten Freundinnen – also, das würden wir ja wohl hinkriegen. Nur weil der Spendenwahn ausgebrochen ist, musst du da doch nicht mitmachen.«

»Aber es geht uns doch so gut. Da will ich eben was abgeben«, lautet die erneut nicht sehr überzeugende Antwort.

Ich gerate in Rage: »Und demnächst feiern wir alle per Skype, damit das Geld für Essen und Getränke auch gespendet werden kann.«

»Haha, der ist gut, haha – per Skype.« Penelope hat Humor.

»Nur dass du Bescheid weißt – ich spende nicht mehr für das Tierheim, das du auf deiner Einladung angegeben hast.

Da kannst du dich auf den Kopf stellen. Von mir sehen die keinen Cent zu deinem Geburtstag. Von mir erhältst du ein schönes Geschenk, lange überlegt, in Seide und Schleife verpackt. Das hast du dir verdient. Der Stinkeladen kann warten.«

»Stinkeladen!« Penelope brüllt vor Lachen am Telefon, und deshalb mag ich sie so. »Mein nächster Geburtstag wird noch größer gefeiert, und dann könnt ihr euch warm anziehen. Da wünsche ich mir dieses Portemonnaie und noch dazu die Schminktasche von Prada.«

Ich bin begeistert! Eine Charity-Lady weniger unter meinen Freunden.

Ich frage mich ernsthaft, wieso die das jetzt, ab und über vierzig, alle machen. Das muss damit etwas zu tun haben, dass man vor seinen Freunden angeben will. Genau. Das ist eine Art des Angebens. Ich brauche nichts mehr, ich habe alles, ich bin so dankbar, ich denke deshalb an andere. Das erinnert mich an einen Spruch meiner Oma: »Die, die am meisten Dreck am Stecken haben, sitzen in der Kirche immer in der ersten Reihe.« Vielleicht etwas übertrieben, aber ich kann ja auch nichts dafür, dass mir das jetzt einfällt. Aber wenn die Geburtstagtorte einem Fackelzug gleicht, fangen wir an, auf Geschenke zu verzichten, und werden stattdessen zu öffentlichen Gutmenschen. Betonung auf »öffentlich«.

Und jetzt interessieren Sie bestimmt noch die durch meine Freundinnen erzwungenen Charity-Projekte. Also hier die Projekte, damit Sie mal wissen, womit wir die Welt retten:

Nina hat vor, ihren Neununddreißigsten ganz groß zu feiern (»Das bleibt jetzt so für die nächsten zehn Jahre«), und wünscht sich statt »Rumsteherlis« eine kleine Spende für ein Dorf in Vietnam, das die Tochter des Bruders der Exfrau ihres Mannes aufzubauen plant. Aha.

»Was sind denn bitte Rumsteherlis?«, frage ich sie am Telefon.

Die Antwort kommt wie aus der Pistole geschossen: »Blumenvasen, Kerzenständer, Tischdecken, Übertöpfe, Duftlampen, Weidenkörbe, Teelichthalter, Untersetzer, Kaffeetassen, Silberlöffel, Aufhängerchen. Hinstellerchen halt.«

Stimmt. Untersetzer würde ich auch nicht wollen. Aber was anderes. Nina braucht nämlich nicht nichts, sondern alles: angefangen bei schönen Schuhen bis hin zu schönen Pullovern statt dieser schrecklichen Wurstteile, die sie trägt. Weiterhin Gürtel, Schal, Handschuhe, Mantel – eben einfach alles! Gerade bei Nina wäre so ein Geburtstag mit Geschenken bitter nötig. Ihr würde ich sogar einen »Geburtstagstisch« direkt bei einem Klamottenladen empfehlen. Wie der »Hochzeitstisch« für Brautpaare, der ja auch sehr gewöhnungsbedürftig ist, aber scheinbar seine Berechtigung hat.

Fünfzigster Geburtstag von Michelle. Fünfzig Leute hat sie eingeladen, Dresscode: *White and wild*. Sie will natürlich nichts, würde sich aber sehr über eine kleine Spende für das Jugendzentrum *Juky* freuen. Ihr Ältester hängt da permanent ab. Die Box steht bereit. Ich will nicht unerwähnt lassen, dass sie Tage damit verbracht hat, eine passende Spendenbox in Weiß zu finden, und wahrscheinlich hat sie mehr gekostet, als *Juky* am Ende Spenden sammeln wird. Ich jedenfalls schenke ihr einen ausgefüllten Lottoschein. Sollte sie gewinnen, kann sie *Juky* eine Fußbodenheizung finanzieren.

Vierzigster Geburtstag von Amelie, die Gute. Amelie, ganz Mutter und wunschlos glücklich, die ihre Kinder zu ehrlichen Menschen, die nicht lügen, erzieht, wäre beglückt über einen kleinen Obolus für die Kindergarten-Gruppe »Bienchen« und die Anschaffung des so nötigen Trampolins. Ich habe mir als Kind auf einem Trampolin den Arm gebrochen und will seitdem nichts mehr damit zu tun haben. Ein Grinsen konnte ich mir dennoch nicht verkneifen, als ich zu sehr fortgeschrittener Stunde – Amelie tanzte schon auf dem Tisch – die Spendenbox aus Acryl auf dem Boden hinter der Theke herumfliegen sah. Gut, dass sie sich für die abschließbare Version entschieden hatte. Aber aus den Spenden zu schließen, die bis dahin eingeworfen waren, schienen viele der Gäste traumatische Erinnerungen mit einem Trampolin verbunden zu haben. Sie bekam von mir eine Polaroidkamera, damit sie zukünftig Bilder der hüpfenden Gören sofort an die schrecklich stolzen Eltern verschenken kann.

Am besten fand ich Mellys achtundvierzigsten Geburtstag, eine enorme Sause. Melly feiert alle Geburtstage groß, bei denen eine Acht vorkommt. Hat was mit Numerologie zu tun. Keiner weiß was Genaues, aber alle feiern mit. Jedenfalls hat Melly schon diverse Rückführungen hinter sich gebracht und damit auch ihren Reichtum abgearbeitet, wie sie meint. Sie wollte ein Feuerwerk, so stand es in der Einladung, mehr nicht. Keine an uns, die Gäste, versteckt formulierte Bitte, hier oder dort etwas zu spenden. Eine Wohltat. Melly hat sich ein Feuerwerk gewünscht und von uns bekommen. Einzigartig!

Die ganze Spenden-Chose hat zwei Gesichter. Auf der einen Seite gibt es Frauen, die sich nicht mehr trauen, sich etwas zu wünschen, und auf der anderen Seite jene, die froh sind, weil sie sich keine Gedanken mehr über Geschenke machen müssen.

Wir alle haben ja nichts gegen die Idee, durch eine Party anderen Menschen etwas Gutes zu tun, und wir wissen, dass wir es alle nicht ganz schlecht getroffen haben. Dafür bin ich wirklich jeden Tag dankbar. Aber gerade ein Geburtstag ist nur einmal im Jahr, und dazu gehören einfach Geschenke.

Generell entscheide ich gern selbst, ob ich die Organisation »Hummer für die Nordsee« unterstützen will oder nicht. Denn wo wir helfen wollen, das geht nur uns persönlich etwas an. Selbst wenn wir befreundet sind, können wir durchaus unterschiedlicher Meinung sein. Jemand könnte genau diese Charity ablehnen, die wir ausgewählt haben. Mit der Auswahl einer Wohltätigkeitsorganisation zwinge ich meinen Gästen gewissermaßen meine Meinung auf.

Spenden sollte jeder, wohin er will. Das ist eine intime Sache, die man nicht an die große Glocke hängen sollte. Und Zwangsverpflichtungen zum Spenden gibt es schon mal gar nicht.

Ich spende gern, ich helfe gern. Aber nicht an meinem Geburtstag. Da will ich Geschenke, ich kann es nicht oft genug wiederholen. Geschenke, die hübsch verpackt sind! Und dann will ich, dass meine Gäste sich fein machen und essen und trinken, was auf den Tisch kommt. Sie doch auch, oder? Ich freue mich über Blumen, Seifen und Pralinen, eigentlich über alles, weil ich noch nie etwas erhalten habe, zumindest nicht von meinen Freundinnen, was nicht schön war. Und ich gebe Ihnen den guten Rat, mir das nachzumachen! Wunschlos glücklich sollte eine Goldschnitte nie sein. Das heben wir uns für den achtzigsten Geburtstag auf.

15

Wir sammeln nichts außer Männerhemden

Auch in unseren Bädern vollzieht sich ein Wandel, sobald die Vierzig überschritten ist. Bei vielen bricht dann der Sammeltrieb durch. Der wird zwar nicht nur bei der individuellen Meeresdeko ausgelebt, doch hier erreicht er seinen kuriosen Höhepunkt – kollidiert er doch mit dem Hortungstrieb, der dazu führt, dass selbst längst abgelaufene Cremes und Kämmchen ohne Zinken aufbewahrt werden.

»Das wird nichts mit mir und Yannick. Wir ziehen nicht zusammen, jedenfalls nicht in das coole Loft.«

Perl schiebt sich nun schon den fünften Kinderriegel in den Mund. Die stehen immer bei mir in einer langen Glasvase auf dem Tisch.

»Und warum nicht?«, frage ich.

»Wie es bei einem Loft so ist, es hat keine Wände, alles ist offen, bis auf die Toilette natürlich, sogar das Bad ist nicht abgetrennt, die Toilette natürlich schon.«

Ich verstehe nur Bahnhof. »Ja, und?«

»Yannick sagt, geschmacklich könnten wir uns arrangieren, aber mit meiner Badezimmer-Einstellung (Einstellung!) könne er nicht leben, schon gar nicht in einem Loft, wo alles so prominent einsehbar sei. Denn wenn er das täglich vom Wohnzimmer aus sehen würde … Was bedeutet: Zusammenleben ja, Loft nein.«

In Gedanken habe ich ihre mit Seesternen und Muscheln beklebten Gläser vor Augen, aber das ist jetzt nicht gefragt.

Ich sage:»Yannick mag's am liebsten clean, du kennst ihn doch. Da muss jeder Tiegel, jede Flasche gut aussehen, am besten alle in einem identischen Design.«

»Ja, ja, du verstehst das natürlich, du mit deinem Hotel-Geschmack.«

Perl wirkt eingeschnappt.

»Hotel-Geschmack, was heißt das denn?«

»Wären bei dir im Badezimmer keine Badewanne und kein Waschbecken installiert, könnte man denken, man befände sich in einem Verkaufsraum für Kacheln. Und dann diese komische Truhe, die aussieht wie ein umgefallener Tresor – ich würde darin nix finden.«

Ich selbst hatte überlegt, ob mein antiker Tresor im Badezimmer überhaupt funktionieren würde, und dann stand doch tatsächlich in der Anzeige des Verkäufers der Hinweis: »Wir reinigen den Artikel grob, aber den Rest muss der Käufer machen, das gilt besonders für Artikel, die im Lebensmittel- oder Sanitärbereich eingesetzt werden sollen.«

Da der Safe für mich als Kühlschrank nicht infrage kam, weil ich bereits einen hatte, war die logische Folgerung: Badezimmerschrank. Seit Langem quälte ich mich nämlich schon mit diesem Durcheinander im Bad ab. Das war dann das *GO* für mich, obwohl ich gar nicht auf antike Möbel stehe.

Da ist jetzt alles drin, was man im Badezimmer braucht: von der Haarbürste bis zum Gesichtswasser, von der Bodylotion bis zur Enthaarungscreme, vom Duschgel bis zum Nagellack.

Perl kommt in Fahrt: »Außerdem ist das Badezimmer bei dir überhaupt kein Ort zum Entspannen, und das soll es ja sein. Abgesehen davon hatte sich Yannick nie über meine Deko im Bad beschwert. Die Kosmetiktücher-Box, die ich aus Filz gebastelt habe, fand er sogar witzig.«

»Perl, zu diesem Zeitpunkt habt ihr euch gerade mal zwei Wochen gekannt – da würde ich bei einem Mann die Matchbox-Auto-Vitrine im Wohnzimmer auch noch witzig finden.«

Stopp! Hier fängt es an. Ein schleichender Prozess, der jetzt beginnt, wir sind nahezu live dabei! Bis vierzig gab's zwar auch eine Unmenge von Produkten, viel, viel Schminke, aber höchstens eine getrocknete Rose in einer schönen Sektflasche im Bad. Ab vierzig wird aus der Rose ein Strauß (wir sind ja so dankbar, dass wir mal einen bekommen haben), der gnadenlos getrocknet wird oder dessen Blätter in ein türkisfarbenes Schälchen drapiert werden, später werden diese ersetzt durch künstliche Ikea-Blütenblätter (günstig zu erwerben in einem hübschen Beutel). Und dort bleiben sie bis zum bitteren Ende, das bei diesem Plastikzeugs bekanntlich nicht abzusehen ist.

Danach kommen die Muscheln samt Sand aus dem letzten Urlaub oder dem Baumarkt hinzu. Diese werden entweder auf der Ablage unter dem Spiegel oder in einem Plexiglasregal über den Gästehandtüchern in einem weiteren Schälchen drapiert. Dazu entweder Schwimmkerzen in Kokosnussschalen oder Duftkerzen, vor hundert Jahren bereits heruntergebrannt und seitdem elendig dahinvegetierend. Die Badewannenablage wird nach und nach vollgestellt mit unnützen Dingen.

Der neueste Schrei sind ja sogenannte Wand-Tattoos. Jede noch so kleine Nasszellenwand wird mit unverhältnismäßig großen Aufklebern wie »Stilles Örtchen«, »Wellness-Oase« oder »Mein Ruhetempel« verziert.

Irgendwie scheint da mit vierzig bei uns eine Sicherung durchzubrennen – oder wir sind nicht ausgelastet. Das Einzige, was in dieser Ruhe-Oase zur Ruhe kommt, ist der Staub. Wir alle, ja, ich sage jetzt einfach mal alle, scheuen uns nicht, Netze mit Plastikfischen über die Badewanne zu hängen und Geld für Toilettenbrillen in Form eines Rettungsrings auszugeben.

Ab vierzig wechseln wir mit verbissenem Gesicht die Badezimmerdeko und horten nutzloses Zeug, als gäbe es kein Morgen, statt abgegriffene Seife, alte Fläschchen, überflüssige Döschen und zerlöcherte Waschlappen, eklige Kämme, leere Parfüms oder nie verwendete Gesichtsmassage-Teile einfach wegzuwerfen.

Das nämlich ist die andere Seite des Sammelns: Von den entscheidenden, nützlichen Dingen, die ein Bad so braucht, können wir uns nicht trennen. Wir können uns nicht durchringen, eine neue Haarbürste zu kaufen. Stattdessen wird die Haarbürste durchgenudelt, bis sie aussieht, als hätte man ein Rudel Windhunde damit gekämmt. Die rutschfeste pilzige Badematte muss bis zu unserem Tod halten. Seifenspender sind weitere Indizien! Wir tragen Kaschmir-Pullover, sind aber zu geizig, mal einen neuen Seifenspender zu kaufen. Hallo? Geht's noch?

Ist man irgendwo zu Besuch und muss auf Toilette – wer kennt ihn nicht, den Satz: »Vorne links. Aber nicht erschrecken, ich war gestern im Baumarkt und konnte nicht an dem witzigen Zeug vorbeilaufen, ohne es zu kaufen. Ich hab mal wieder das Bad neu dekoriert, ich finde es lustig. Bin gespannt, was du sagst.« Ich sage einfach nichts mehr dazu. Sonst müsste ich ja zu der Person sagen: »Schön dekoriert, aber räum doch erst einmal den restlichen Plunder weg, vor allem die alten Parfümflaschen, die schon Moos angesetzt haben, damit deine Pinguinfamilie auf der Ablage auch Luft bekommt.«

Letztens fragte ich meine Cousine, die auf einmal eine aufgemalte Krabbe in Pink an ihrer Badezimmertür hatte, wieso sie das gemacht hätte. Antwort: »Ich dekoriere mein Badezimmer mit allem, was ich mit Meer und Strand verbinde. Und dazu gehört auch eine Krabbe. Schließlich hat das Badezimmer viel mit Wasser zu tun, da liegt das quasi auf der Hand.«

Scheinbar verbindet sie mit Meer und Strand auch Kalk – wenn man sich die Armaturen anschaut. Aber nicht nur sie. Zu einem ordentlichen Durchschnittsbad gehört natürlich Kalk. Wenn nicht auf den Armaturen, dann wenigstens auf diesen meist schmuddeligen und somit sehr unsympathischen Duschvorhängen. Das ist auch so eine Unart, die man verbieten sollte. Wäre ich Duschvorhanghersteller, ich hätte schon längst Abos angeboten: Jeden zweiten Monat käme dann per Post ein neuer Duschvorhang ins Haus, und um sicherzugehen, dass gewechselt wird, müsste der alte portofrei zurückgeschickt werden. Denn mit Eigeninitiative ist da scheinbar nicht viel zu holen – wenn man sich so in den Bädern umschaut. Dass so wenige Menschen zu wissen scheinen, dass man die auswechseln kann: Vorhang ab und dann in den Müll. Zack, den neuen, sauberen hin.

Eine weitere Variante des Hortens liegt bei meiner Freundin Claire vor, die jobbedingt viel in Hotels absteigt. Mittlerweile könnte sie selbst eines eröffnen, weil sie immer alle

144

Seifen und Duschgels mitnimmt. Erst werden sie in einer Schale liebevoll drapiert, dann irgendwann in eine größere Glasvase geschmissen, wo sie vor sich hin gammeln, denn benutzen will sie sie dann doch nicht. Jetzt hat sie, ganz kreativ, ein Fischnetz darübergespannt und meint, das sei ja schon fast ein Kunstwerk.

Ein Bad ist ein Bad ist ein Bad. Das kann sich die Goldschnitte gar nicht oft genug sagen. Entweder wir stauben mindestens einmal in der Woche unsere tausend gesammelten Flakons, Töpfchen und Schälchen mit oder ohne Sand ab oder wir schmeißen sie in den Müll. Ja, Sie lesen richtig. Wegwerfen. Dieses verschmierte Zeug wollen wir doch nicht jeden Tag beim Duschen ansehen, oder? So will man den Tag nicht beginnen, sondern frisch und frei.

Die getrockneten Blütenblätter oder Sträuße legen oder schmeißen wir unserem Mann, oder wem auch immer wir die zu verdanken haben, vor die Füße. Wir wurden lang genug daran erinnert, dass wir den letzten frischen Strauß vor zwei Jahren bekommen haben. Stattdessen sagen wir mit klarer Stimme und wohlakzentuiert, ohne Vorwurfsgesicht: »Wird wohl Zeit für was Neues.« Wir entsorgen: versiffte Zahnpastatuben, alte Kerzen, kaum noch wohlriechende Cremes, unansehnliche Duschgels, eigentlich leere Shampoos, Massageöle von vor zehn Jahren und verklumpte Peelings. Brüchige Haargummis gehören auch dazu, *by the way.*

Vergessen wir auch nicht die Badekugeln, die quasi schon ein Eigenleben führen, und die Massage-Handschuhe, die wir noch nie benutzt haben. Was nicht verwendet wird, hat bei uns kein Daseinsrecht mehr. Entweder Karton, für den müssen wir dann natürlich erst mal einen Aufenthaltsort finden, oder Müll. Die dauerhafte Lösung.

Abgegriffene und unansehnliche Seifen wird es dann auch nicht mehr geben. Einmal in der Woche wird eine neue Seife hingelegt. Diese Investition bringt uns nicht um, sieht aber hübsch aus und duftet vor allem gut. Auch sonstige disharmonische Herpes- oder Heilcreme-Tuben gehören in den Müll und werden, wenn nötig, neu gekauft und verstaut, wo sie hingehören, nämlich irgendwo verschlossen.

Böses Thema: Ich dachte, die Herstellung sei mittlerweile eingestellt – aber es gibt ihn immer noch, den Toilettendeckelbezug. Unfassbar. Das geht nicht! Ausnahme: Der Toilettendeckel wird »angezogen«, wenn das Outfit von Tom Ford persönlich designt ist, das gilt auch für diese Plüschvorleger vor der Badewanne, der Dusche oder der Toilette! Ein Teil aus Frottee vor der Dusche tut's auch, wenn überhaupt.

Handtücher! Man glaubt es kaum. Aber es muss gesagt werden: Alte Handtücher darf man ebenfalls wegwerfen, man darf auch neue kaufen! Wir fangen ja an wie die älteren Leute, die meinen, sie bräuchten keine neuen Möbel mehr, weil es sich ja eh nicht mehr lohnt. Schrecklich! Dem müssen wir jetzt sofort Einhalt gebieten! Also Handtücher kaufen! Sofort! Unifarben oder ganz bunt. Man muss ein Handtuch nicht bis zum Tod gewaschen und benutzt haben. Glauben Sie mir: So eine Aktion reinigt, und zwar von innen und außen! Nur Dinge, die in gutem Zustand sind, bleiben im Bad. Alles andere: RAUS! Sie werden sehen – das ist Luxus! Wie wir unseren neuen Luxus dann gestalten, ob Holz, Glas, Stein oder schließlich doch wieder die Muscheltüte herausholen, das bleibt jeder von uns selbst überlassen! Aber hören wir auf mit der Sammelei! Wir dürfen da nicht schlappmachen. Appetitlich, anregend und ansehnlich, so sollte unser Bad aussehen.

Wie sagt man unter Feng-Shuis: Das Bad ist der Raum für Reinigung und Loslassen. Nicht mehr und nicht weniger. Das ist aber das Gegenteil von Muschel und Sand.

Und dann heißt es aufpassen, dass es nicht wieder losgeht. Das geht ruckzuck. Bei mir war es so, dass ich irgendwann merkte, dass ich meinen Badezimmer-Safe immer mal wieder mit Haargummis behängte, dann wurden es breitere Haarbänder, jetzt baumelt da schon die Wattepad-Packung – und wenn ich mir den Safe so von innen anschaue, bekommt der gerade ein Eigenleben. Da wimmelt es nur so von alten Parfümproben, Hotelseifen sowie hübschen leeren Schachteln, die ich für etwas verwenden wollte, wobei ich aber nicht mehr weiß, wofür. Hui! Das geht aber auch schnell. Höchste Zeit, mal wieder aufzuräumen!

Um noch einmal auf Perl zu kommen: Natürlich ist sie mit Yannick zusammengezogen. Natürlich in das Loft. Natürlich ist sie ihrer Badezimmereinstellung treu geblieben. Fast. Sie ist ja beziehungsfähig und weiß, dass man ab und zu auch einen Kompromiss eingehen muss. Statt Filz und Fetzen ist sie jetzt, so wie es Yannick mag, klar und clean. Dazu hat sie Unmengen von ihren leeren Parfümflaschen aufgesägt, ja, aufgesägt, und mit buntem Sand gefüllt!

16

Wellness machen wir nur mit Stil

Warum nur werden Frauen ab vierzig zu solchen Wellness-Fanatikern? Weshalb nur pilgern Scharen von uns in Wellness-Tempel und geben Unsummen dafür aus? Vielleicht liegt es daran, dass wir sonst wirklich nicht zur Ruhe kommen, außer in solch einem aufgeheizten, chlorigen Umfeld. Jedenfalls wäre ich nie von allein auf die Idee gekommen, meine kostbare Zeit mit Wellness zu verplempern.

Ich liege auf meiner Couch, vor mir Cola und Chips und ein Haufen Zeitschriften, da kommt eine WhatsApp von Sonja: *Hallo BFF* ☺☺ (BFF = *Best friends forever,* sie hat ein dreizehnjähriges Patenkind, wie man merkt), *WMDGS?* (Was machst du gerade so?) *HDL, NWW?* (Hab dich lieb. Oder meint sie: Hast du Lust? Nächste Woche Wellness?) *Melde dich!*

Nö, Lust habe ich nicht. Als BFF müsste sie das auch wissen. Wissen, dass ich alles mache, nur kein Wellness. Ich hasse Wellness. Sage ich natürlich nicht so drastisch. Das ist genauso, als würde man sagen, dass man Bambi hasst. Niemand hasst Bambi. Aber ich Wellness.

Und scheinbar bin ich diesbezüglich die Einzige unter meinen Freundinnen, die Ausnahme. Denn alle wollen auf einmal Wellness machen. Das war mit dreißig noch kein Thema, auch nicht mit fünfunddreißig, aber Ende dreißig wurden auf einmal E-Mails herumgeschickt mit irgendwelchen Angeboten von Wellness-Tempeln: »Guck mal, wir sollten uns was gönnen, wollen wir nicht im nächsten Jahr wellnessen?« Oder: »Das habe ich für mich gebucht. Einfach nur für mich.« Ich könnte zu einer Dildo-Party eingeladen werden und würde nicht rot werden – na ja, ein bisschen schon. Aber seit ich vor einem halben Jahr mit Sonja in der Sauna war, das erste Mal in meinem Leben, habe ich einen Wellness-Komplex. Und zwar einen richtigen.

Sonja hatte mich zu einem Wellness-Tag überredet, eben mit Frauen-Sauna. So in entspannter Atmosphäre zusammen zu schwitzen, das wäre schön, ihr gehe es gerade nicht so gut. Sagte sie, um mich zu überreden. Hatte natürlich wieder was mit Männern zu tun, sie ist ja frisch geschieden.

Und weil es ihr nicht gut ging, habe ich mich breitschlagen lassen. Ein Freundschaftsdienst. Den einen Tag werde ich überleben, dachte ich. Hinter Sonja betrat ich, ganz verschämt, den Sauna-Pumakäfig, der in einem Kellergewölbe lag. Es roch komisch. Pumakäfig ist für mich ein feststehender Stinke-Begriff, seit ich ihn einmal von einer Aktienhändlerin gehört hatte. So nannte sie ihren Handelsraum, auf einer Etage saßen da mehr als fünfhundert Leute und machten ihre Geschäfte. Da wurde aber nicht nur gebrüllt und gehandelt, da wurde auch gegessen und getrunken, und zum Ende des Tages sprühte sich noch jeder ordentlich Deo oder Parfüm drauf, um für die After-Work-Party gewappnet zu sein.

Mein Baumwoll-Extra-Saunahandtuch eng um mich geschlungen, wurde ich mit zwei Frauen konfrontiert, die bereits auf den Holzbänken saßen und ziemlich schwitzten.

Und jetzt, aufgepasst: Es sah aus, als säßen sie auf Katzen. Ja, so sah es aus. Ich gebe zu, manchmal neige ich zu obsessiver Detailüberinterpretation, aber Sie verstehen, was ich meine? Sie waren nicht rasiert, so völlig naturbelassen, ohne Handtuch, versteht sich.

Pausenlos redeten sie nur über ihre Krankheiten. Über Rückenschmerzen und die Wechseljahre. »Nein, Sie sind hier nicht in einem geschützten Raum«, hätte ich am liebsten geschrien. »Ich bin nämlich auch da und würde mich gern entspannen, zumindest versuchen zu entspannen. Und mich interessieren Ihr Überbein, Ihre Knieprobleme und ob der Hans zu hohen Blutdruck oder einen Bandscheibenvorfall hat, einen feuchten Kehricht!«

Aber das Leben außerhalb des Pumakäfigs war auch nicht besser. Schlurfende Weißmantel-Trägerinnen mit herausgewachsenem Haaransatz und billigen Kulturbeuteln in Pilz-Schlappen kreuzten zuhauf unseren Weg. Einige präsentierten uns Gesamtkunstwerke in voller Pracht, Tattoos und Piercings an Stellen, die meinen Sinn für Ästhetik in Grund und Boden rammten. Und im Ruheraum kam ich auch nicht zur Ruhe, da ging es zu wie in einer Kantine. Jeder kaute oder trank irgendetwas, sodass mir schlecht wurde. Entspannung geht anders.

Ich träumte von einem Cocktail auf grüner Wiese. Es war wirklich nur ein Traum. Denn ich war natürlich noch längst nicht fertig. Das Angebot war gigantisch. Selbst bei der Sauna hatte es eine Riesenauswahl gegeben: Finnische Sauna mit oder ohne Lichttherapie, Bio-Sauna, Aufguss-Sauna, Aromastoff-Sauna, Kräuter-Sauna, griechisch-römisches Dampfbad, Caldarium, Solegrotte, Salz-Sauna, Heubad-Sauna, Sanarium mit Farblichtern.

Es wimmelte nur so von Schwall- und Raindance-Duschen, Relax-Ateliers, Wasserkaskaden, Massagedüsen, Kneippbecken, Jod-Sole-Räumen, Himalaya-Salzsteingrotten über Wasser, Prießnitzbädern, Kohlensäurebädern oder Alpenheupackungen mit Heuschaumbad im Kerzenschein. All die Anwendungen für Körper, Gesicht und Fußzehen aufzuzählen, würde hier den Rahmen sprengen.

Weil ich mich vor lauter Auswahl gar nicht entscheiden konnte, hatte ich einfach das Angebot des Tages, die Synchronmassage im Hawaii-Stil, gebucht. Bei Frauen, hieß es, würden zwei Masseurinnen zur Tat schreiten. Die waren aber krank. Also übernahmen zwei Masseure ihren Job. Am liebsten wäre ich vor Scham von der Liege gesprungen. Ich kam mir ein wenig vor, als hätte ich Gruppensex. Jetzt weiß ich, was Sonja immer meinte, wenn sie mit ihrem Exmann Tobias eine Synchronpartnermassage gebucht hatte. Das tun alle, die heimlich Gruppensex wollen, sich aber nicht trauen.

Ich mochte diese Form der Aufmerksamkeit nicht und verstehe auch nicht, was so ein Wellness-Bad sich dabei denkt. Ich habe mich mal umgehört, und ich bin nicht die Einzige, der so etwas passiert ist. Sie könnten es einem doch wenigstens vorher sagen, bevor man das bucht? Liegt man erst mal da, ist es etwas schwierig, wieder von der Liege zu springen, wenn die beiden Masseure hereinkommen. Man ist ja noch neu und will nicht gleich bei seiner ersten Synchronmassage anecken oder als besonders spießig rüberkommen, während alle um einen herum so ganz natürlich und befreit sind.

Ich habe mal gelesen, Wellness sei was für passive Langweiler. Das finde ich jetzt auch etwas übertrieben und falsch. Ich könnte mir aber vorstellen, dass viele von uns zu gestresst sind, um noch in sich hineinzuhorchen und herauszufinden, was uns wirklich guttut. Ständig säuselt von irgend-woher eine Werbestimme: Gönn dir was! Entspann dich! Genieße!

Mein Fazit: Wenn wir uns entspannen wollen, dann aber richtig. Und mit Stil. Ein schönes Ambiente, tolle Handtücher, schöne Bademäntel. Statt Massen-Kuschelfarmen will ich Luxus. Lieber gönne ich mir nur eine Massage, statt mich einen ganzen Tag zweitklassig durchwalken zu lassen. Ich finde, das sollten wir uns wert sein. Meine Top 6 für Frauen ab vierzig, die gern entspannen:

1. Schöner Bademantel und stylisher Kosmetikbeutel ma-chen Laune.
2. Niemals ohne Pediküre eine »Oase« betreten.
3. Keine Gespräche über Krankheiten oder die bald begin-nende Menopause.
4. Lektüre nicht unüberlegt wählen! Alle lesen mit. Nur mal zur Info.
5. Gänzlich ungeschminkt muss im Übrigen nicht sein! Eine wasserfeste Wimperntusche lässt immer noch eine Ge-sichtsbehandlung zu.
6. Aber das Wichtigste zum Schluss: Nur noch dorthin gehen, wo Sie sich wirklich wohlfühlen. Alles andere (Wellness hin oder her) ist deprimierend.

17

*Jede Falte erzählt eine Geschichte, doch wer will
die schon hören?*

Ich bin damit groß geworden, dass Falten schlimm sind.
Meine Uroma tatschte mir von klein auf an meine Stirn,
wenn ich es gewagt habe, diese zu runzeln. Dazu sagte sie:
»Kind, lass das, das gibt Falten.« Toll. Von frühester Jugend
wurde mir eingetrichtert, dass Falten der Anfang vom Ende
sind. Das erklärt auch, warum ich solche Probleme mit der
Gruppe der »3 Fs« habe: Frohgemute-Falten-Fraktion.

Die Mitglieder der »3 Fs« sind nicht ohne, die sind nämlich weise und total eins mit sich. Sandra ist so eine. »Also
ich«, sagt sie mit einem gelassenen Lächeln, »ich hab keine
Probleme mit meinen Falten – nein, im Gegenteil, ich bin
stolz drauf. Das ist nun mal so, da können wir nichts ändern,
das ist die Natur der Dinge. Meine Falten erzählen von meinem gelebten Leben, den schönsten Momenten, aber genauso von meinen Leiden und der Liebe«

Irgendjemand sollte sie jetzt stoppen, denke ich. Aber
vielleicht bin ich nur neidisch. Ich will auch von dieser Droge,
die einem die Sinne so sehr vernebelt, dass man seine eigenen Falten völlig okay findet. Ich finde Falten vollkommen

unnötig. Besonders bei mir! Bei anderen finde ich sie nicht schlimm oder gar störend – aber bei mir. Bei mir sind die an solch unvorteilhaften Stellen. Bei anderen nicht. Bei anderen sind sie so stimmig. Bei mir nicht.

Aber wenn diese Droge nun doch besser funktioniert, als in Orangensaft mit Mehl zu baden? Zumindest müsste ich es doch einmal ausprobieren. Ich kann ja mal versuchen, auf meine Falten stolz zu sein. Ich habe keinerlei Erwartungen. Erwartungen sind der Ursprung jeder Enttäuschung. Somit schreite ich zur Tat – und natürlich will auch ich meine Falten und ihre stolzen Geschichten erfassen:

1. Vorbereitung
   Ich hole einen Stift, einen Block und einen Vergrößerungsspiegel (zwölffache Vergrößerung) und setze mich an einen Tisch. Der Vergrößerungsspiegel ist nicht mehr nötig, so weit ist es schon – ein normaler Spiegel reicht aus. Grrr.

2. Falten-Untersuchung
   Die Durchführung der Begutachtung beginnt, und zwar ordentlich. Falte für Falte. Ganz sachlich, geradezu gefühllos, ohne zu hyperventilieren oder hysterisch zu werden. Auch hier die Devise: »Mach es, aber mach es professionell.«

3. Falten-Analyse
   Jetzt erfolgt die Zuordnung der Falten zu meiner Lebens- und Leidensgeschichte. Ich fange an aufzuschreiben, um die Übersicht zu behalten.

Aber jede Falte? Das ist mir dann zu viel, da würde mein ganzer Abend draufgehen. Also bündele ich. Somit hat nicht jede einzelne Falte bei mir das Recht, etwas zu erzählen, sondern ich schnüre kleine Pakete:

Paket 1
Stirnfalten und Zornesfalten: Hervorgerufen durch permanentes Erstaunen und unzählige Wutanfälle in den letzten dreißig Jahren.

Paket 2
Um die Augen herum, auch Krähenfüße (igitt!) genannt: Hervorgerufen durch Lächeln oder Lachen – kaum welche vorhanden, auch deprimierend.

Paket 3
Mundwinkel- und Perioralfalten: Hervorgerufen durch permanente Unzufriedenheit, durch Meckereien und Rauchen.

Paket 4
Hals – o mein Gott! Woher kommen bloß diese Massen? O mein Gott!!!

Paket 5
Alles, was sonst noch Linien zieht – ich muss viel erlebt haben, ach du liebe Güte und herrlicher Gesangsverein!

Meine Freundin Lulu ist das erste Opfer für meine Faltengeschichten. Also halte ich Lulu mein frisch gewaschenes, ungeschminktes, aber eingecremtes Gesicht entgegen:

»Hier, guck mal, Lulu, diese Falten!« Ich zeige ihr meine tiefen Nasolabialfalten, die mich immer besonders müde wirken lassen. »Na, schon ziemlich stark, nicht wahr, aber sie erzählen dir eine Geschichte! Magst du die hören?«

»Bist du bescheuert? Was willst du von mir?«, antwortet sie konsterniert.

»Nee, Lulu, ernsthaft. Jetzt guck mal. Ist doch interessant, was man in einem Gesicht so alles lesen kann, sicherlich sind da auch Geschichten dabei, die du noch nicht kennst. Hast du dir jemals Gedanken gemacht, warum ich hier am Kinn schon solche Furchen habe, hast du das?«

Lulu zieht die Augenbrauen hoch.

»Wirklich, Sabina. Was soll das jetzt?«

Sie hat mich überhaupt nicht verstanden. Doch nicht nur bei ihr stieß ich auf Ablehnung. Auch andere Freundinnen, denen ich meine Falten näherbringen wollte, interessierte es nicht. Wenn ich aber niemandem davon erzählen darf, macht es keinen Spaß.

Jede Falte hat vielleicht eine Geschichte, die will aber niemand hören und erst recht nicht anschauen. So sieht's nämlich aus. Ich muss mir doch nicht einbilden, dass meine Falten irgendjemanden interessieren, zum Nachfragen veranlassen oder gar zum Nachdenken!

Die Frau will ich mal treffen, zu der man mitfühlend sagt: »Du, Cheyenne-Sophie, du hast hier aber einen ziemlichen Bollermann an Falte im Gesicht – ei, ei, meine Güte, was ist da denn passiert? Was hast du da erlebt?« Oder: »Mensch, hier, ich seh's gerade, du hast im Leben wohl nicht nur Gutes erlebt. Ich fühle das nicht – nein, ich sehe das an deinen tiefen, starken Falten, besonders an denen um den Mund herum!«

Fakt ist: Gegen tiefe Falten, gegen Mimikfalten, gibt es keine Creme. Manche Frauen stehen zu ihren Falten, andere nicht. Wer seine Falten mag und akzeptiert und zufrieden durch die Welt marschiert, der sollte das weiterhin tun, ohne diejenigen, die anderer Meinung sind, zu bekehren oder abschätzig über sie zu urteilen.

Damit meine ich, dass wir auch nicht ständig über diejenigen lästern sollten, die es eben nicht aushalten und zu drastischeren Mitteln greifen als dem Orangensaft-mit-Mehl-Bad.

»Die sieht aber gut aus, die hat bestimmt was machen lassen!«, heißt es dann. Oder: »Wie sieht die denn aus, die hat bestimmt was machen lassen!« Das sind sicher die häufigsten Sätze, die Frauen ab vierzig über andere Frauen sagen. Kontraproduktiv, finde ich. Eine Cher, auch wenn sie operiert ist, ist einfach sehr schön, oder eine Jane Fonda (die mit vierzig die Aerobic-Welle ausgelöst hat, das muss man ja erst einmal nachmachen). Das sind doch tolle Frauen. Und was die haben machen lassen und wie viel das gekostet hat, das ist doch deren Sache. Aber die Gegenfraktion, also die, die nichts machen lassen oder vielleicht weniger, die sind auch schön. So sehe ich das.

Wenn es nicht gerade Ihre beste Freundin ist: Vermeiden Sie es, von Ihren kleinen und größeren kosmetischen Eingriffen zu erzählen. Das geht niemanden etwas an. Werden Sie darauf angesprochen, dann stehen Sie dazu, aber mehr nicht.

18

Selbst unsere Katzen sind cool

Frauen über vierzig, alleinstehend und mit Katze können ja eigentlich einpacken. Das Klischee schlechthin: Eine Frau über vierzig mit Katze hat keinen Mann und keinen Sex. Nur Singlefrauen, die über vierzig sind und noch bei ihrer Mutter leben, kommen genauso rüber. Da kann die Katze noch so cool sein, die Mutter noch so freakig – das Image einer »vertrockneten« Vierzigjährigen lässt sich kaum zum Positiven wenden. Da taucht im Kopf sofort das Bild einer arroganten, gepflegten Katze auf dem Bett der Singlefrau liegend auf, einen Katzenbaum in der Ecke des Schlafzimmers. Jeder geschlechtsreife Partner wird da zögern, den Raum zu betreten.

Was bei Männern an Tieren durchgeht, ist zum Beispiel der Goldfisch im dekorativen Glas. Hamster, Meerschweinchen und Kaninchen sind grenzwertig, werden aber toleriert. Hunde sind generell sozialisiert. Schlangen und Eidechsen machen nicht interessant, sondern Angst. Wie Katze und Singlefrau.

Paul, ein Freund von mir, sucht sofort das Weite, wenn er hört, die Frau hat eine Katze. Aus seiner Sicht sind Frauen mit Katzen das Furchtbarste, was einem passieren kann. Er hatte mal eine Freundin mit Katze und leidet noch heute darunter, dass er angeblich immer die zweite Geige gespielt hat. Und das Unerfreulichste war, dass dieses »Pussy-Vieh«, so sein Ausdruck, auch noch mit im Bett geschlafen hat. Beim Sex sei er angeblich von hinten angefallen worden, nicht von der Frau, sondern von der Katze! Das Grauen waren aber wohl die Katzenhaare, die überall waren. Sogar an seinem Penis. Das habe ich ihm nicht geglaubt, aber er hat geschworen, dass es stimmen würde. Jedenfalls ist er sich ziemlich sicher, dass ihm eine Frau mit Katze nicht mehr ins Haus kommt. Da kann die aussehen wie Jennifer Lopez persönlich. Frau mit Katze – Ende Gelände, sagt er.

Noch schlimmer traf es angeblich meinen Schulfreund Beau. Ja, der hieß tatsächlich Beau und sah auch so aus. Er war, wie man so sagt, eine Full-Package-Granate. Als der sich endlich so richtig verknallt hatte, leider nicht in mich, wurde die Beziehung auf eine harte Probe gestellt. Sein Schwarm hatte eine Katze und er die dazugehörige Allergie. Was ist da zu tun? Ignorieren, wie er es vorhatte, ging nicht. Das erste Treffen bei ihr war eher Drama als großes Kino: Atemnot, Juckreiz, rote Flecken etc. Jedenfalls musste er fluchtartig die Wohnung verlassen. Und weil sie ja die Frau seines Lebens war, wie er dachte, erkundigte er sich bei seinem Hautarzt. Ja, er ging freiwillig zum Arzt wegen der Katze und ließ sich Eigenblut spritzen – für diese Frau. Das heißt ja wohl einiges. Das ist so rührend, da kann kein Geschenk mithalten. Katzen in Verbindung mit alleinstehenden Frauen über vierzig scheinen auf Männer – und nicht nur auf Paul oder Beau – wie Pfefferspray zu wirken. Es sei denn, sie wollen mit der Frau nur ins Bett. Da lautet der Code-Satz, laut Paul, der sich beim Erzählen schon fast fremdschämen musste: »Aaahh, du hast eine Katze!«Wenn sie diesen Code versteht und ihn knacken will, sagt sie: »Ja, aber die ist meist draußen oder liegt unter dem Teppich.« Dann wüsste man, so Paul, dass das »Scheißvieh« (O-Ton Paul) wohl zumindest in dieser Nacht ausgesperrt wird.

Existieren solche Strategien auch für Kanarienvögel? Nein. Kanarienvögel sind schön anzusehen, singen laut, haben gern Kumpels an ihrer Seite, brauchen genügend zu fressen, ab und zu mal einen kleinen Zimmerrundflug – und gut ist. Von Fischen im Aquarium, die ja wirklich nichts außer Wasser im Kopf haben und garantiert nicht fauchen, ganz zu schweigen.

Das wissen auch die Männer, und deshalb haben die kein Problem mit solchen Tieren – wohl aber mit Katzen. Katzen stehen für angestrengte Gefühlsduselei, für ein Teilen, für Katzenhaare. Und für große Worte wie Eigensinn, Eleganz, Unabhängigkeit und starker Wille. Denn eine Frau mit Katze braucht keinen Mann, könnte man meinen. Auch die Hexe im Märchen hat nicht nur einen Buckel, sondern auch noch einen schwarzen Kater auf der Schulter. Die heutige Hexe färbt ihr Haar mit Henna, glaubt an die heilende Wirkung von Steinen und findet die Weisheit in Karten. In ihrer Wohnung wartet natürlich mindestens eine Katze auf sie.

Doch das schlechte Image von Katzen in Verbindung mit Singlefrauen über vierzig haben wir uns auch selbst zuzuschreiben. Wenn Frauen über Tiere reden, geht es irgendwann automatisch um Katzen, und oftmals wird es ziemlich emotional. Schnell kommen Thesen auf den Tisch wie die, dass eine Frau mit Katze angeblich einen besseren Kontakt zu ihrer eigenen Weiblichkeit findet, weil Katzen innere Hemmungen und Steifheit lösen!

Darf ich mal kurz fragen, wie das passiert, also das mit dem Lösen der Hemmungen und der Steifheit? Beim Katzenklo-säubern? Es geht ja noch weiter. Oft heißt es, Katzen verhel-fen zu Klugheit, schärfen unsere weibliche Intuition und lö-sen, Achtung, sexuelle Barrieren. Da liegt doch die Katze begraben, das ist doch die Krux! Das ist nicht nur emotional, das ist pseudo-dramatisch. Da geht sofort das Kopfkino los. So wundert mich auch die Behauptung nicht, die allerdings die einzig nützliche ist, dass die Anwesenheit einer Katze uns Frauen beruhigt und schmerzlösend ist. Kann man sich einmal im Monat eine Katze leihen? Und wenn jetzt noch mal jemand sagt, Katzen seien so pflegeleicht – Pusteku-chen. Sie sind ziemlich empfindlich, eigen und egoistisch.

Meine Freundin Perl hatte auch eine Katze, die aber der-art nachtragend war, dass es schon an Tyrannei grenzte. Alle paar Monate musste Perl für ein paar Tage zum Arbeiten nach Paris reisen, und ich wurde feierlich zum Katzen-Sitter ernannt. Ich zog also für diese Zeit bei ihr ein. Alles verlief gut, aber wehe, Perl kam zurück. Drei Tage Abwesenheit be-deuteten eine drei Wochen grollende und beleidigte Katze.

Mein Handy klingelt. Es ist 3:40 Uhr. Mitten in der Nacht!

»Ja?«, krächze ich erotisch vor Müdigkeit ins Telefon.

Am anderen Ende höre ich nur eine hektische Stimme. »Ich bin's, Susann, vor meiner Terrassentür miaut eine Katze. Was soll ich machen?«

»Was wohl? Lass sie auf keinen Fall rein. Das fehlt noch. Bist du allein oder hast du Besuch?«

»Bin allein«, flüstert sie, wohl wegen der Katze. »Aber sie tut mir so leid.«

Ich bin hellwach. »Du legst dich jetzt wieder hin, sofort, und morgen ist sie weg. Gute Nacht.«

Ich lege auf. Das wäre ja noch schöner. Susann ist Single, über vierzig und leider immer noch so blond wie Ute Ohoven. Und jetzt auch noch mit Katze. Das wird ja dann nie wieder was mit ihr und einem Mann. Nicht umsonst haben Untersuchungen von Profilbildern bei Dating-Netzwerken ergeben, dass sich Männer fast nie bei Frauen melden, die sich mit Katze präsentieren oder angeben, eine oder, noch schlimmer, mehrere Katzen zu haben. Also, wer einen Mann sucht, aber eine Katze hat, der sollte sie tunlichst im Schrank verstecken und totschweigen.

Am nächsten Tag rufe ich Susann an.

»Und, bist du jetzt im Club der Katzenfrauen, die für immer allein leben, sämtliche Männer vertreiben und einsam und verlassen in ihrer Wohnung sterben?« Ich fand mich superwitzig. »Was machst du da eigentlich? Was sind das für Geräusche?«

»Ich versuche gerade, eine Dose Katzenfutter aufzukriegen«, ruft sie ins Telefon. Dieses Mal legt sie auf.

Das war das Ende. Das Ende von Susanns Image als toughe, coole Frau. Der Anfang vom Katzenweibchen. Bei Frauen ab vierzig kommt eine Katze zu haben der Pest gleich. Sie besteht aus den drei W-Worten, die zusammen einen Klumpen Langeweile ergeben: Wolldecke, Wasserglas, Warmherzigkeit. Eine Bekannte von Susann, eine Schauspielerin, konsequent ohne Engagement, sagte nach einigen Wochen, in denen sich meine Freundin als Katzenmutter geoutet hatte, theatralisch: »Damit hast du dein Leben verwirkt, Schätzchen. Männer verachten Katzen in Verbindung mit Singlefrauen und umgekehrt.«

Dieser Meinung war eigentlich auch Susann – bislang. Was hatten wir uns zuvor schon lustig gemacht über dieses

Katzenthema, dieses Getue, dass Frauen Katzen so gern mögen, weil sie ihnen so ähneln. So sensibel, so anschmiegsam, so eigen. Und was hatten wir uns weggeschmissen, als wir auf Facebook ehemalige Klassenkameradinnen suchten, wobei drei davon mit ihrer Katze abgebildet waren. Und jetzt dieser Wandel. Meiner Meinung nach kann das nur ein Hilferuf sein. Genau. Das Tier kommt ihr gerade recht. Sie fühlt sich einsam. Aber muss es ausgerechnet eine Katze sein?

Ich habe nichts gegen Katzen. Unter uns, ich glaube manchmal, dass sie verzauberte Wesen sind, na ja, auf jeden Fall sind sie wunderschön. Wären Susann und ich Anfang zwanzig gewesen, wäre unser nächtliches Telefonat sicher anders verlaufen: »Ach wie süß! Lass das arme Kätzchen doch rein, das ist eine Fügung des Schicksals, das ist eine Seele, die dich sucht. Mach ihr sofort auf.« Ja, das hätte ich gesagt. Weil – ich mag ja Katzen.

Eine Katze in dem Alter von Anfang zwanzig zu haben, ist ungefähr so, als hätte man noch den Hasen oder das Meerschweinchen aus der Kindheit. Und wenn man dann sagt: »Ich mag Katzen, weil die so stolz, elegant und edel sind«, dann hat das nichts Gouvernantenhaftes, auch nichts Langweiliges, sondern etwas Putziges.

Aber hier und heute, in dieser Situation mit Susann, versuche ich als ihre Freundin, das Ruder herumzureißen beziehungsweise ihr die Katze madig zu machen, wenn sie es selbst schon nicht schafft. Und zwar mit klarem Kopf. Denn Susann will ja unbedingt einen Mann. Mit einer Katze verringert sie da völlig unnötig ihre Chancen.

Doch dann überraschte Susann uns alle. Denn Susann fand für das ganze Dilemma eine Lösung. Sie zeigte uns allen, dass man auch mit Katze cool sein kann. So hat sie es doch tatsächlich fertiggebracht, diese Katze, Döner genannt, in einer Casting-Agentur für Tiere anzumelden. Döner sieht man demnächst, wenn alles gut läuft, auf riesigen Werbeplakaten für die Interzoo, eine Fachmesse für Heimtierbedarf. Susann bekommt dafür richtig Kohle. Da habe ich aber blöd geguckt. Und ich muss zugeben, Döner hat was. Irgendwas Magisches. Bleibt unter uns.

Er, der Kater, wirkt auch ein bisschen wie aufwertende Deko in Susanns vorher eher unspektakulärem Zuhause. Seine Schälchen sind asiatisch angehaucht, stehen auf einer kirschholzfarbenen Platte, blitzblank, sehr appetitlich, außerdem hat er eine kleine Puppencouch aus Leder als Körbchen. Abgesehen davon findet man in Susanns Wohnung kein einziges Katzenhaar. Wahrscheinlich hat sie auch deshalb keine Zeit mehr, weil sie nur noch staubsaugt.

Wobei Susann kein Trara mit Döner veranstaltet, irgendwie ist sie cooler mit Katze, selbst wenn ich es nicht gern zugebe. Allein, was sie letztens auf einer Party gesagt hat, als sie sich wieder blöde Witze über Döner anhören musste: »Was habt ihr, bleibt mal locker. Ich muss für meine Katze wenigstens keine Steuern zahlen, ich muss sie nicht erziehen, und außerdem fängt mir endlich mal jemand die Mäuse, die ich immer in meiner Wohnung hatte.« Da war Ruhe im Karton.

Aber was bedeutet das jetzt alles für Sie, die Sie über vierzig sind, keinen Mann, dafür aber eine Katze haben und Ihre Katze noch nicht einmal eine supercoole Casting-Katze ist? Was sollen Sie jetzt tun?

Entwarnung! Sie müssen die Katze nicht ins Tierheim bringen. Denn: Scheitert Ihre große Liebe an Ihrer Katze, weil Sie sich weigern, diese ins Tierheim abzuschieben, so wäre die Beziehung garantiert nach spätestens sechs Monaten an einer offen gelassenen Zahnpastatube gescheitert. Mit Katze trennt sich die Spreu schneller vom Weizen. Lernen Sie die Liebe Ihres Lebens kennen, leider mit Katzenallergie, dann wird's dafür wie für alles im Leben eine Lösung geben. Versprochen. Ich sage nur: Desensibilisierung.

19

Statt nur zu kochen, feiern wir lieber

Wie hält es die Goldschnitte mit dem Kochen? Schaue ich mich nämlich so in meinem Freundeskreis um, dann stelle ich fest, dass generell kein normales Abendessen mehr möglich ist. Pasta? Kommt tatsächlich nicht mehr auf den Tisch, jedenfalls nicht, wenn Gäste da sind. Scheinbar laden wir uns nur Menschen ein, denen ein einfaches Essen nicht genügt – beziehungsweise die uns die Freundschaft kündigen, wenn Käse und Wurst gereicht werden.

Überhaupt, es geht ja nur noch ums Essen. »Habt ihr Lust, am Samstag vorbeizukommen?« – diese einfache Frage wird nicht mehr gestellt. Jedenfalls nicht, wenn kein Drei-Gänge-Menü vorgesehen ist. Geht nicht. Ohne Essen läuft nichts mehr. Das kann man mit dreißig noch machen, ab vierzig nicht mehr. Und so macht es auch keiner. Stattdessen werden richtige Menüs serviert. Da passt dann sogar das Outfit der Gastgeberin zum Essen, die Musik sowieso. Und dieser Anspruch, unbedingt genießen zu müssen. Alles ist Gourmet, der Käse, der Schinken aus Hinterpforzheim, die Schokolade mit Chili … Allein diese Getränke-Arie. Weißwein, Rotwein, Dessertwein, stilles Wasser, Sprudelwasser, leicht perliges Wasser, Saft (mindestens Mango oder Ananas). Und alles in Karaffen. Ohne Karaffe ist der Haushalt nicht komplett. Auch nicht ohne Weißweingläser, Rotweingläser, Saftgläser, Wassergläser, Dekantierer, Weißweinkühler, Rotwein-Temperierer, Espressomaschine.

Es gibt ja auch nicht mehr den Satz: »Jeder bringt was mit.« Da geht's ja schon los. Doch, noch einmal durfte ich ihn hören, als meine Freundin Hella nach Spanien auswanderte und mitten im Umzug war, aber gern noch eine kleine Abschiedsparty geben wollte. Eigentlich hörte sich das recht entspannt an, sogar von Papptellern war die Rede.

Aber als dann der Tag der Party kam und ich die mitgebrachten Speisen betrachtete, sah das alles nicht mehr so unangestrengt aus. Denn das, was da in den Schüsseln lauerte, glich dem All-inclusive-Büfett eines Fünf-Sterne-Hotels. Hier nur eine kleine Auswahl der Speisen: eingelegte Sardellen, die mit Mozzarella überbacken waren, Forellentaler, kaltes Knoblauchhühnchen, Mini-Wrap-Rollen, Carpaccio, Schafskäse auf Essig-Senfgurke, Thunfischfilet in Zimt bis hin zu diversen Nachtischungetümen. Nichts für einfache Gemüter wie mich!

Meine Hoffnung, endlich mal wieder Nudelsalat mit Mayo zu essen, wurde durch die Riesenschüssel Tortellini-Salat mit Zucchini, Pinienkernen und Kokos zerstört. Meine liebevoll ausgesuchten Baguettes wurden übrigens von selbst gemachten Zwiebel-Speckbrötchen und Weißwein-Laugenbrezeln ins Hinterland verbannt.

So ist das also ab vierzig. Ab vierzig sind wir Showköche und anstrengend, weil wir nur noch dann kochen, wenn es Bewunderung gibt.

Ihr Lieben,
ich lade euch am 4. Oktober 2013, 20 Uhr,
ganz herzlich zu meinem traditionellen Damen-Dinner ein.
*Motto in diesem Jahr ist die Seidenstraße.**
Ich freue mich auf einen schönen Abend mit euch.
Claire

Wow! Seidenstraße! Dagegen waren die letzten Einladungen von Claire ja direkt Kinderkram. Seit sie gelesen hat, dass Regine Sixt jedes Jahr Tausende von Frauen zur Damenwiesn aufs Münchner Oktoberfest einlädt, und sie das so toll findet, so glamourös und abgehoben, ihr aber dann doch leider das nötige Geld für solche Extravaganzen fehlt, gibt es mindestens einmal im Jahr eine sehr außergewöhnliche Einladung zum Damen-Dinner von ihr.

Im Gegensatz zu Regine Sixt kocht sie aber selbst. Und sie lädt statt tausend nur vier Frauen ein. Ich gehöre dazu, obwohl sie weiß, dass ich mich niemals in dieser Form revanchieren kann – ich kann nämlich nicht kochen.

Also, was heißt nicht kochen? Ich messe das immer noch an einem Wiener Schnitzel. Eine Frau, die das gut und unangestrengt hinbekommt, die kann kochen. Eine Frau, die das nicht kann, mit Panade und goldbraun, die kann in meinen Augen auch nicht kochen. Die kann mir dann meinetwegen ein Lammkarree quer durch den Backofen wälzen und mit aufwendigen Spinatkrustenscheiben verzieren. Mir

---

* Als Seidenstraße bezeichnet man ein Netz von Karawanenstraßen, auf denen seit dem 2. Jahrhundert v. Chr. Seide, Gold und andere Luxusgüter von China durch Zentralasien an die Küsten des Mittelmeers und des Schwarzen Meers transportiert wurden.

egal. Für mich kann sie nicht kochen. Aber mit dieser These stehe ich scheinbar allein auf weiter Flur.

Es ist doch so: Kochen kann, wer Aufwand betreibt, Hektik verbreitet und mindestens sieben Töpfe gleichzeitig über die Herdplatte schiebt. Und mit diesem Tun beginnt eine Frau Ende dreißig. Ich weiß nicht, woran das liegt. Ist es Langeweile, sind es die Hormone, ist es wirklich entfachte Leidenschaft? Leidenschaft glaube ich jedoch am wenigsten, wo doch jeder noch so leckere Brotkorb gemieden wird wie die Pest.

Bei Claire fing es mit ihrem zweiundvierzigsten Geburtstag an. Mit einem Gutschein für einen Soßen-Kochkurs, den man ihr an diesem Tag schenkte. Seitdem war sie eine andere. Statt wie üblich zu feiern – was da hieß, wer kommt, der kommt, wobei man nie wusste, ob es etwas zu essen gab oder man den Pizza-Service rufen musste –, wurde jetzt ein Motto bestimmt, unter dem gefeiert wurde. Und die Gästeschar wurde ausgewählt: wir vier Frauen.

So locker, wie sie früher die Pasta auf den Tisch stellte, so locker sind jetzt nur noch die Einladungen geschrieben. Das erste Motto lautete: »*Forever young and wild*«. Irgendwie ging es darum, dass man eigentlich viel jünger war, als man eigentlich war, und infolgedessen gab es Pizza, Burger, Pommes und Cola. Das fand ich total witzig, weil wir auch alle in Jeans und Turnschuhen kommen *mussten*. Es war ein richtig schöner Abend. Fünf Frauen, tausend Themen und dazu ein leckeres Essen!

Mit dem Motto »Urlaub am Meer« kam ich auch noch klar: Als Vorspeise gab es einen Krabbencocktail, als Hauptgang Pasta mit Knoblauch und Tomaten und zum Nachtisch Ananas. Natürlich wurde auch die Tischdekoration entsprechend gestaltet. Eine blaue Tischdecke, Servietten zu Schiffen gefaltet, dazwischen schwammen Holzfische. Alles hatte eine gewisse Lässigkeit, und wir hatten immer noch viel Spaß!

Vor zwei Jahren wurde es dann ambitionierter. Der fünfundvierzigste Geburtstag! Das Motto: »Märchen«! Auf den Tellern lag eine kleine Menükarte: Die Vorspeise nannte sich »Rapunzelsalat«, also Feldsalat, in ungeputztem Zustand eine Qual. Der Hauptgang war mit »Hänsel und Gretel« überschrieben, das war ein Käsefondue (wieso eigentlich »Hänsel und Gretel«, wegen der langen Gabeln und dem Brot?), und als Nachtisch gab es »Schneewittchen und die sieben Zwerge« – ein Eis mit sieben warmen Pflaumen. Claire selbst war als Hexe verkleidet. Wir überschütteten sie mit Komplimenten, für das Essen, die Idee, das Kostüm.

Wir kamen aber nicht so richtig in Spaßlaune, weil das Geburtstagskind kaum am Tisch saß. Statt uns über die neuesten Serien, peinlichsten Promis oder: »Sind falsche Wimpern eine lohnende Investition oder nicht?« auszulassen, ging es hauptsächlich ums Kochen. Wer was kocht, wie man kocht, wie oft man Kochsendungen anschaut. Welche Kochsendungen das sind und ob man schon irgendwelche Kochkurse gemacht hat. Es war das erste Mal, dass ich mich bei einem von Claires Abendessen langweilte.

Letztes Jahr hieß das Motto dann: »1001 Nacht«. Das Essen war tatsächlich ein verführerisches Drei-Gänge-Menü, sehr anspruchsvoll. Claire verzichtete allerdings auf einen scheherazademäßigen Kleidungsstil. Die ganzen Schleier wären bestimmt zu unpraktisch in der Küche. Gerade Scheherazade hat auch ganz bestimmt nie gekocht. Ich stelle sie mir vor, wie sie auf einem Diwan liegt und dem König ihre

Geschichten erzählt. Jede Nacht eine. Ganz bestimmt ist sie nicht zwischendurch in die Küche gehuscht.

Als Vorspeise servierte Claire Kürbiscremesuppe mit Korianderschaum, zum Hauptgang ein orientalisches Ofenlamm mit Tabouleh und zum Dessert einen warmen Feigenpudding mit Mandel-Rosinen-Bällchen. Mit Stressflecken am Hals und hochrotem Gesicht flitzte sie zwischen dem Herd und uns hin und her. Der Stress übertrug sich auch von Claire auf uns, weil wir ja mitbekamen, wie anstrengend das Ganze für sie war. Obwohl es uns völlig egal war, ob der Feigenpudding genau die richtige Wärme hatte oder nicht, achteten auch wir darauf, weil es Claire so wichtig zu sein schien. Natürlich versuchten wir auch alle zu helfen, was Claire aber nicht wollte. »Ihr unterhaltet euch mal schön«, rief sie uns aus der Küche zu. Wird das jetzt jedes Jahr so unspaßig?, fragte ich mich nach diesem Abend.

Natürlich kam er, der Moment, in dem die anderen der Essens-Gang auch mal kochen wollten, Gegeneinladungen nennt man das. Und dann haben alle – außer mir – in lockerer Reihenfolge gekocht. Was heißt gekocht, ich würde sagen: zubereitet. Ich habe ja alle im Verdacht, dass sie dafür mindestens zwei Tage Urlaub genommen (und während dieser zwei Tage ihre Familie mit ihrem Stress angesteckt und für hinterher schon mal das Wellness-Wochenende gebucht) haben.

Da gab es dann Feigen im Schinkennest, eine Bohnen-Lavendel-Creme, Vietnamesische Hackbällchen nach Miu Layo, Zanderfilet auf Paprika-Rahm-Kraut oder Venezianisches Risotto. Sogar ein auf den ersten Blick gemischter Blattsalat, den ich allerliebst in seiner Einfachheit fand, wurde noch mit lauwarmen Birnenscheiben gequält.

Meine Anspannung wuchs. Denn auch ich würde natürlich einmal an der Reihe sein. Ich drängele mich keineswegs vor. Aber es kommt so ein Moment, da kann man nichts mehr machen. Da muss man alle zu sich zum Essen einladen, um nicht unhöflich zu sein. Obwohl ich gern esse, koche ich nicht gern. Ein Spruch wie *Wer gern isst, kocht auch gut* kann nur von einem Idioten kommen, denke ich mal. Ich, ein Gernesser, bin dem Ganzen jedenfalls nicht gewachsen und werde die Verantwortung dem *Griechen* aufdrücken, einem Restaurant in meiner Nähe. Und das, obwohl alle sagen werden: »Du, mach dir doch keinen Stress. Spaghetti tun's auch.« Da lache ich aber. Spaghetti tun's eben nicht mehr. Und kläglich zu scheitern oder meine Gäste den ganzen Abend mit meinem Stress zu quälen, dazu verspüre ich so gar keine Lust.

Doch dann kam Claire mir zuvor. Die Einladung mit dem Seidenstraße-Motto ging nämlich so weiter: Wir klingelten bei Claire. Es lief chillige Musik, der Tisch war opulent gedeckt. Weiße Tischdecke, pinkfarbene Teller, altes Silberbesteck, rubinrote Servietten, Wasser und Wein in Karaffen, jede von uns hatte eine Schokokugel auf ihrem Teller, alles voller Kerzen, es sah toll aus. Claire trug Jeans und T-Shirt, dazu Mörder-High-Heels.

Erstaunt setzten wir uns. Claire nahm auch Platz, was uns noch stutziger machte. Sie schenkte Wein und Wasser ein und sagte schließlich: »Schön, dass ihr da seid! Irgendwo auf der endlosen Seidenstraße beginnt man das Abendessen mit Süßigkeiten. Das bringt Glück und sorgt für innere Zufriedenheit. Deshalb diese selbst gemachte Praline.«

Tief beeindruckt schoben wir das Teil in den Mund. Lecker!

Dann fuhr Claire fort: »So. Das war jetzt erfunden.« Sie brüllte vor Lachen. Wir guckten, glaube ich, alle leicht irritiert. Das Geburtstagskind sprach weiter: »Woher soll ich denn wissen, was da alles auf der Seidenstraße los war, geschweige denn, was es zu essen gab? Letzte Woche hatte ich acht Meetings und weiß Gott was anderes im Kopf als die Seidenstraße. Aber ich habe sie gegoogelt«, sie zog ein verknittertes Blatt unter ihrem Teller hervor, »und erfahren, dass diese Karawanenroute von China aus durch Indien, Pakistan, Afghanistan, Kirgisistan, Tadschikistan, Usbekistan, Turkmenistan, Iran, Irak und Syrien bis in die Türkei führte.«

Claire machte eine bedeutungsvolle Pause. »Ja, meine Lieben«, setzte sie wieder an. »Ich könnte mit meinen Versuchen, irgendwas Essbares auf den Tisch zu bringen, sicherlich auch die Hälfte der Erdkugel umspannen. Aber das ist mir zu anstrengend. Deshalb gibt es heute auch nur Pizza à la Ahmet vom türkischen Döner-Lieferservice.«

Es wurde der beste Abend seit Langem. Denn gute Gespräche und Spaß schlagen auch in unserem Alter jedes Essen. Außer vielleicht, wenn Sie ein passionierter Gourmet sind.

Wenn man kochen kann, so richtig, finde ich das ganz toll. Wenn man dabei noch gut aussieht, sich um seine Gäste kümmern und eine entspannte Atmosphäre schaffen kann und die Leute richtig Spaß haben – wunderbar. Wenn man es aber nicht kann, sollte man es sein lassen. Ich finde immer noch, Essen muss erst einmal satt machen, und das wird man auch ohne gedünstete Birnenscheiben.

Generell gilt: Lieber gut aussehen, in eine tolle Tischdecke und die passenden Stoffservietten investieren – und

Brot, Wurst und Käse hinstellen. Und auch ein Sadisten-Menü bekommt jeder hin: Baguette, Pasta mit Sahnesoße und als Nachtisch ein Eis mit heißen Himbeeren und Pralinen. Das ist so lässig, weil es niemand mehr macht. Und unbedingt dafür sorgen, dass Fotos vom Abend gemacht werden. Die Gastgeberin wird nämlich im Gegensatz zu den meisten kochenden Gastgeberinnen nicht völlig zerstört, sondern absolut souverän auf den Bildern rüberkommen.

Und hier noch die Top 3, wenn man nicht kochen kann, aber dennoch mal die Sau rauslassen will in Form eines Mottodinners:

1. Dinner für Spinner
   Hier investieren wir aber auf jeden Fall in eine teure Einladung, der Abend besteht aus Wodka, Kaviar und Baguette – glauben Sie mir, das bleibt in Erinnerung.

2. Wilde Tafel
   Auch hier investieren wir in eine gedruckte Einladung. Das Motto ist das A und O. Inhalt: Jeder darf mitbringen, was er möchte. Es muss nur essbar sein. Es darf keinerlei Abstimmung geben. Risikoreich, aber sehr unterhaltsam. So ein Abend nur mit Bouletten hat auch seinen Charme.

3. Cheese-Drama
   Wir widmen den Abend dem lange vernachlässigten Käsebrot, dekorieren aber den Tisch, als gäbe es kein Morgen. Und zum Nachtisch der simple, klassische, aber immer wirkungsvolle Schokoladenpudding.

20

Gönnen wir uns jetzt was!

Vieles, was wir so ab vierzig treiben, scheint mir eine Art Klimbim zu sein, mit dem wir unsere Zeit verplempern. Ganz anders sieht es aus, wenn es ums Personal geht, also um die Leute, die uns Arbeit abnehmen könnten. Gerade hier wird erstaunlicherweise oft gespart. So manch eine Goldschnitte bestellt immer noch ihre Freunde zum Kistenschleppen, wenn es daran geht, die Wohnung zu wechseln, obwohl das Studium doch längst hinter ihr liegt.

Dabei hilft uns Personal nicht nur, weil wir Putzen hassen, sondern weil ein bisschen Luxus einen ganzen Monat lang hält und die Zwischenzeit dann besser zu ertragen ist.

»Du, ich muss aufhören, mein Innenarchitekt kommt gleich.«

Mir fliegt fast der Hörer aus der Hand. »Dein *was*?«

»Mein Innenarchitekt«, wiederholt Hanni ungerührt.

Ich pruste in den Telefonhörer: »Du brauchst für deine zwei Zimmer einen Innenarchitekten? Für was denn?«

»Für mein Auto, natürlich. Mann, für was wohl? Der soll durch meine Wohnung gehen und schauen, was man da so machen könnte.«

»Aha. Aber du bist nicht zwischenzeitlich umgezogen und hast es mir nicht gesagt? Du wohnst immer noch am Kaiserplatz in deinen 55 Quadratmetern?«

»Immer noch. Darf man denn nur ab 300 Quadratmetern einen Innenarchitekten beauftragen? Ich will mir einfach mal einen Rat von einem Profi einholen. Was man vielleicht schöner machen kann, ob man etwas optimieren kann. Auch hätte ich gern mal ein paar bunte Wände, aber da traue ich mich nicht ran.«

»Der soll dir also deine Wohnung aufmöbeln?«

»So kann man es auch nennen.« Hanni klingt leicht pikiert. »Du holst dir ja auch keinen Metzger, wenn deine Waschmaschine kaputt ist.«

»Aber das ist doch irre teuer«, werfe ich ein.

»Papperlapapp. Wir haben ja erst ein Beratungsgespräch, und dann sehen wir weiter. Außerdem bin ich jetzt über vierzig, und da wird man sich doch wohl einen Innenarchitekten leisten dürfen. Du, ich muss jetzt wirklich aufhören. Ciao!«

Leicht verunsichert lege ich auf. Ich komme mir ein wenig hinterwäldlerisch vor. Das Gefühl kenne ich doch. Vor Jahren hatte ich mir monatelang überlegt, ob ich mir diese Gelnägel machen sollte. Neidisch schielte ich immer auf die Frauen, die diese gepflegten Finger hatten, denn meine Selfmade-Maniküre sah dagegen stets wie secondhand aus. Da musste erst meine damalige Putzfrau kommen, bis sich meine Perspektive änderte. Ich sah es sofort. Gepflegte Nägel in Rosa und mit Sternchen, nicht gerade mein Geschmack, aber ich fragte sie: »Was haben Sie denn für tolle Nägel?«

»Habe ich im Nagelstudio machen lassen«, erklärte sie strahlend. »Sieht gut aus, nicht wahr? Nächstes Mal kommen kleine Blumen auf die Daumen.«

»Aber das ist doch teuer, wie oft muss man da hin?«

»Schätzchen.« (Das sagte sie auch zu mir, wenn ich sie fragte, wie sie Flecken auf dem Sofa wieder wegbekommen hat.) »Ich gehe alle vier Wochen. Mein Sohn hat gesagt: ›Mama, du arbeitest so viel. Gönn dir doch mal was.‹ Und wenn ich es richtig ausgerechnet habe, dann sind das acht Euro pro Woche! Was sind acht Euro pro Woche dafür, dass ich mich jeden Tag freue und keine Zeit mehr mit meiner Maniküre verplempere?«

Wieder was gelernt. Nämlich dass man sich das Beste gönnen soll. Wenn nicht wir, wer sonst?

In diesem Moment schämte ich mich der kleingeistigen Gedanken, die ich angesichts Hannis vermeintlicher Luxusambitionen gehegt hatte. Dabei bin ich doch die Erste, die schreit: »Ihr gönnt euch zu wenig!« Wirklich, wir Frauen ab vierzig gönnen uns zu wenig.

Eine meiner Freundinnen hatte einmal die Idee, auf ihre Putzfrau zu verzichten und alles in dem Vier-Personen-Haushalt selbst zu machen. Sie argumentierte: »Ist alles nur eine Sache der Organisation, und mit dem Geld, das ich spare, kaufe ich mir eine neue Tasche.« So wollte sie genau an dem Wochentag, an dem üblicherweise ihre Putzfrau kam, vier Stunden putzen. Und zwar in *diesen* vier Stunden. »Kann ja wohl nicht so schwer sein,« sagte sie.

Dass sie in dieser Zeit normalerweise Dinge erledigte, zu denen sie sonst nicht kam, oder etwas für sich tat – das hatte sie nicht auf dem Schirm. Das Experiment hakte von Beginn an. Abgelenkt durch das Telefon, durchs Essenmachen, Kurz-zum-Briefkasten-Gehen, durch das Auswechseln einer kaputten Glühbirne und das Ausmisten eines Schranks, sah es nach vier Stunden nicht wesentlich besser in ihrer Wohnung aus.

Es stellte sich auch nicht dieses zufriedene Gefühl ein, dieses Gefühl, nach Hause in eine gründlich sauber gemachte Wohnung zu kommen. Hinterher sagte sie: »Das war absolut unprofessionell, was ich da fabriziert habe. Das nächste Mal überweise ich mir gleich das Geld, ohne Geld hat man ja gar keine Motivation.« Es wird aber auch dann nicht funktionieren. Sie wird immer den Unterschied sehen – ob sie die Zimmer oder ein Profi sie gereinigt hat.

Ja, gönnen wir uns Personal! Also, wenn wir das jetzt nicht schaffen, wann dann? Ich rede hier noch nicht einmal vom Personal Trainer, auch nicht vom Friseur, von der Kosmetikerin oder vom Toyboy. Ebenso wenig rede ich von einem Kindermädchen, einer Haushaltshilfe oder – mein Traum – einem Chauffeur.

Es geht mir beim Gönnen darum, dass wir Prioritäten setzen, dass wir uns entscheiden, wenn es mal wieder drunter und drüber geht, wenn es hart auf hart kommt. In solchen Situationen sollte man sich zum Beispiel die Getränke liefern lassen, dazu genügt ein einziger Anruf: »Bitte in die Fee-von-Sultan-Straße 22 zwei Kisten Wasser und zwei Kisten Apfel-Kirsch, und Ihnen noch einen schönen Tag!« Oder Sie stopfen die Blusen und feinen Pullover in eine Tüte, dazu die Bettwäsche, und bringen alles in die Reinigung. Das ist ein Gefühl! Allein, diesen Berg aus der Wohnung zu haben. Super! Mal nicht waschen, aufhängen, abhängen, bügeln. Wow. Das ist Luxus. Ebenso: Lassen Sie sich zweimal im Jahr die Fenster putzen, statt Monate damit zu verbringen, zu denken, dass man es selbst machen müsste.

Wie lange hörte ich Annabel sehnsüchtig sagen: »Ach, wenn ich jemanden hätte, der mir was kocht. Das würde ich mir wirklich mal wünschen.« Kochen ist für sie ein Grauen.

Wie für andere bügeln, tanken oder die Spülmaschine ausräumen.

Irgendwann konnte ich ihre Litanei nicht mehr hören und sagte: »Dann lass dich doch bekochen.«

»Ja, super, ich heiße auch mit Nachnamen Onassis und hab's nur noch nicht bemerkt. Ich bin froh, wenn ich so über die Runden komme, das weißt du doch. Wirklich tolle Idee!«

»Alles eine Frage der Einstellung!« Den Satz konnte ich mir nicht verkneifen. »Hast du dir nicht letztens ein Paar Handschuhe gekauft, die du dir eigentlich auch nicht leisten konntest?«

»Was haben denn jetzt meine Handschuhe damit zu tun? Die waren auf 50 Euro heruntergesetzt!«

»Das meine ich doch nicht. Genauso könntest du die 50 Euro nehmen und jemanden aus deinem Bekanntenkreis fragen, der gut kochen kann.«

»Ja, und dann?«

»Den oder die fragst du, ob er/sie nicht mal für dich kochen kann. Du sagst, was du willst, dann wird das gekocht und eingefroren. Die Person, die das für dich erledigt, hat was verdient und ist happy, und du bist es auch.«

Meine Freundin hat meinen Rat beherzigt. Diese Person, die sie gefragt hat, kocht noch heute für sie. Alle paar Monate. Und meine Freundin strahlt jedes Mal: »Allein, dass ich weiß, ich muss nur zum Gefrierschrank gehen, ich muss nichts kochen, allein das ist jeden Cent wert. Dieses Gefühl. Diese Lebensqualität.«

Sich etwas zu gönnen, das ist ein heikles Thema, gerade unter Frauen. Meine Freundin Claire, die ja eine toughe Businessfrau ist, traut sich nicht zu sagen, dass sie sich den Rasen mähen lässt und zweimal im Jahr einen Gärtner beschäftigt.

»Das kann ich doch nicht erzählen, da denken die Leute ja, ich habe sie nicht alle.« So denken wirklich nur Frauen. Sie sitzt permanent im Flieger, schuftet wie ein Pferd, meist noch am Wochenende. Da ist es mehr als billig, sich jemanden zu nehmen, der ihr das abnimmt, was ihr ein Gräuel ist – nämlich die Gartenarbeit. Sie muss sich nicht dafür rechtfertigen, dass es für sie keine Entspannung, sondern Stress bedeutet, im Garten herumzubuddeln. Sie genießt ihren Garten. *Das* entspannt sie.

Eine Freundin meinte: »Ach, Sabina, was soll das denn? Personal ist unnötig! Darum geht's doch im Leben nicht.« Sie machte eine bedeutungsvolle Pause, bevor sie fortfuhr: »Die meisten muten sich einfach zu viel zu.«

Nach dieser Theorie müsste Claire weniger arbeiten und Haus und Garten verkaufen oder ungeliebte Gartenarbeit in einem geliebten Garten machen. Puh – was ist das für ein Denken?

Ab vierzig sollte man sich wirklich nichts versagen, sondern an sich selbst denken. Und ich finde, Personal kann dabei nicht schaden. Ich sage, wie es ist: Ich würde ganze Scharen von Menschen beschäftigen, wenn ich sie mir leisten könnte. Niemals würde mir ein Satz wie dieser über die Lippen kommen: »Nein, mir ist es unangenehm, wenn einer meinen Dreck wegmacht.« Niemals würde ich sagen: »Ich will keinen Fremden in meiner Wohnung haben.« Mein Personal wäre mir nicht fremd. Mein Personal wäre super bezahlt, hätte Freude am Job, und wir wären alle glücklich.

Aber da ich mir das nicht leisten kann und Sie sich vielleicht auch nicht, gönnen wir uns doch das Machbare. Ab und zu das Obst liefern lassen und ab und zu ein Taxi nehmen, wenn man sich mit einer Freundin trifft, statt abends wieder lange auf öffentliche Verkehrsmittel zu warten, das ist schon ein Anfang. Wir halten uns ja keine Leibeigenen. Wir verprassen unsere Kohle nicht für Bequemlichkeit (leider), wir gönnen uns einfach nur hin und wieder einen kleinen Luxus. Das hat High-Level-Feeling-Qualität. Eigentlich unbezahlbar.

21

Manche Tage sind trotzdem einfach scheiße

Kennen Sie das? Der wichtigste Termin des Jahres steht an, Sie müssen Eindruck schinden, richtig groß aufschlagen, wie man so sagt. Nicht nur inhaltlich, nein, auch optisch, was da heißt: gut aussehen. Und dazu wollen Sie natürlich auch toll rüberkommen, witzig, klug, gelassen, lässig.

Das alles hatte ich mir für diesen Tag vorgenommen. Das war mein Plan. Doch dann kommt alles anders. Denn es ist einer dieser Tage, die man so gar nicht brauchen kann. Und es fängt gleich morgens an: Schon bevor der Wecker klingelt, bin ich wach. Auf meinem Kopfkissen entdecke ich die Überreste der Maske, die ich mir extra am Vorabend aufgelegt habe.

Eigentlich bin ich gut ausgeschlafen und voll motiviert, aber jetzt beginnt das Elend. Ich gehe ins Bad und schaue in den Spiegel. Ein innerlicher Schrei: »Sch…! Heute wird das nichts.« Der Blick in den Spiegel reicht einfach. Ich sehe es an meinen Augen – die ganze Augenpartie ist Mist! Ausdruckslos. Ich weiß, egal, was ich heute beautytechnisch anstelle, wie ich mein Gesicht schminke oder mir die Haare frisiere – es wird partout nichts.

Monate hatte ich gebraucht, um diesen Termin zu bekommen, endlich habe ich es geschafft, diese Promi-Kirsche zu einem Mittagessen mit mir – einer Unbekannten aus Niemandsland – zu bewegen. Bei diesem Treffen geht es um ein für mich richtig wichtiges Projekt. Die Promi-Kirsche soll nämlich auf ihrer Website einen Link zu meiner setzen, wovon ich mir enormen Erfolg erhoffe. Und dann hätte ich noch gern, dass sie meine diesjährige Kundenveranstaltung moderiert. Allerdings nicht für dieses Honorar. Letztlich könnte es doch noch eine *Win-win*-Situation werden, zumindest ist das mein Vorsatz. Ich bin bestens vorbereitet auf dieses Gespräch, rhetorisch, argumentativ.

Doch nun fühle ich mich einfach schlecht. Und sich optisch schlecht zu fühlen ist anlässlich eines solchen Termins ganz ungünstig. Ich denke, das kann jede Frau verstehen. Aber absagen geht natürlich auch nicht, nicht bei einem Termin, den ich mir so erkämpft habe. Ich haue noch ein wenig Schminke auf meine blässliche Gesichtshaut. Die Schatten unter den Augen definiere ich als Wegweiser großer Taten. Ich kämme noch einmal nach, zuppel hier, zippel da, gucke von hinten, gucke von vorn. Es hilft alles nichts, an diesem Tag ist nichts zu retten.

Nächstes Problem: Was soll ich bloß anziehen? Der Kleiderschrank ist viel zu voll, die Schuhe fliegen überall rum, leider nur die falschen. Einen gescheiten Mantel habe ich auch nicht. Ich muss mich damit abfinden: Ich werde heute einfach nicht zur Höchstform auflaufen. Ende. Aus.

Heute falle ich schlicht unter die Kategorie »Ganz nett«, was letztlich bedeutet, dass man mich im nächsten Moment vergessen hat. »Ganz nett« ist ein Zustand, den ich sofort abschaffen würde, wenn ich nur könnte. Bei mir ist also heute alles »ganz nett«. Mein Aussehen, meine Kommentare, meine Meinungen, meine Fragen, meine Antworten, meine Tischmanieren, meine Klamotten, meine Schuhe, meine Haare. ALLES GANZ NETT. Schrecklich. Im Nett- Zustand habe ich kein Format. Ich bin verwischt. Ich bin jetzt nichts weiter als so eine Nette, die man auf einer Party fragt: »Kannst du mir mal helfen, einige Teller raus- zutragen?« Null Attitüde, null Statement, null Profil. Völlig uninteressant.

Meine Laune ist auf dem Tiefpunkt. Mein Selbstbewusstsein auch. Meine ganze Lebensweisheit, die ich im Laufe der letzten Jahre gesammelt habe und die ich jederzeit meinen Freundinnen vortragen könnte – alles ist weg.

Draußen scheint die Sonne. Mir ist heiß in meinem Mantel, in meinem schwarzen engen Kostüm, für das ich mich auf einmal, natürlich, viel zu dick fühle. Hätte ich in den vergangenen Wochen gesünder gegessen, mehr Sport gemacht, dann würde ich jetzt bestimmt besser aussehen. Weniger Alkohol und Zigaretten wären auch nicht schlecht gewesen. Was fühle ich mich schlecht. Ich bin zwar nett, aber ich fühle mich wie ein älter werdendes Mittelmaß, um es auf den Punkt zu bringen.

Ich bin pünktlich – und natürlich die Erste. Wenigstens etwas. Der Kellner bringt mich zu dem Tisch, der von Frau Promi-Kirsche bestellt wurde. Ich wähle den Platz mit Blick zur Eingangstür, um nichts zu verpassen.

Da! Endlich geht die Tür auf. Sie rauscht herein. Bekleidet mit einem umwerfenden langen und lässigen Kleid aus feinstem Wild, also Wildleder, das ihren zarten Luxuskörper umschmiegt, ach was, umschmeichelt. Dazu irre hohe

Schuhe, ein toller Gang, eine große Sonnenbrille und das Smartphone von Prada in der Hand. Toll! Hinter ihr der Assistent (sie kommt tatsächlich mit Assi), der mit bestem italienischen Zwirn aufwartet. In Natur ist er noch schöner als in der *Bunten*. O mein Gott. Ich sacke innerlich zusammen.

Sie nähern sich dem Tisch, und gekonnt schaue ich auf. Sie sind nur noch wenige Schritte entfernt, ich lächle, ich lächle noch einmal, diesmal gekonnter, doch sie laufen vorbei. Sie sehen mich nicht. Man nimmt mich nicht wahr! Bitte, jetzt nicht noch das Unsichtbarkeitsphänomen, nein danke!

Wie blöd rufe ich: »Huhu!«

Der Assistent dreht sich um, tippt seine Chefin fragend an, und nun treten sie lächelnd an meinen Tisch. Ich erhebe mich, ebenfalls lächelnd, wir begrüßen uns lächelnd und setzen uns lächelnd. Der Herr Assistent setzt sich neben mich und sie sich mir gegenüber. Wir lächeln wieder. Endlich nimmt sie die Brille ab. Sie sieht sagenhaft aus, gern hätte ich für meine Freunde Fotos gemacht.

Ihr Haar ist lässig nach oben gesteckt, ihr Kleid sitzt im Sitzen noch perfekter, und ich fühle mich nur farblos. Im Geiste überschlage ich den Wert meiner Kleidung, die ich momentan anhabe. So viel hat ihre Tasche gekostet. Neuestes Modell. Ich weiß das.

Der Kellner erscheint am Tisch. Sie schaut zu ihm hoch, fragt ihn etwas, in der manikürten Hand die Weinkarte. Genau genommen will sie wissen, ob der Château Soundso wirklich gut im Abgang sei. Er sagt ja, sie bezweifelt aber seine Antwort und fragt nach einem Château Blanc. Den hat er aber gerade nicht vorrätig. Sie guckt ein wenig säuerlich.

Wählt dann aber – »wenn es denn sein muss« – doch den Château Soundso.

Danach entscheiden wir uns in völligem Einklang für ein Fischgericht. Leider zerstört der Kellner die Idylle, weil er den von mir zum Essen bestellten Rotwein bringt. Süffisant kommentiert die Promi-Kirsche: »Wie ungewöhnlich, wir trinken zu Fisch ja immer Weißwein, aber da hat jeder ja so seine eigenen Vorlieben.« Mir war das unendlich peinlich, und über mein devotes »Ach, das habe ich beim Bestellen gar nicht bedacht, was habe ich da nur für einen Quatsch gemacht?« ärgere ich mich noch heute. Quatsch? Wo habe ich das Wort überhaupt her?

Warum habe ich nicht gesagt, dass ich zu Fisch nur Rotwein trinke? Schon Simone de Beauvoir wusste, dass der Fisch dadurch viel intensiver schmeckt. Natürlich frei erfunden, aber noch nie infrage gestellt. Warum habe ich nicht gesagt, ich hasse Weißwein? Und warum habe ich mir nicht überhaupt mein Lieblingsgetränk bestellt? Cola mit viel Eis und Zitrone. Töricht nennt man das.

Nun lehnt sich die Promi-Kirsche leicht zurück und sagt, ohne ein Lächeln, eher gelangweilt: »Na, dann fangen Sie mal an.« Allein dafür hätte ich ihr gern eine übergebraten. Und dann denke ich daran, dass ich es bald geschafft habe. Und ich fange an zu erzählen, während unser Fisch serviert wird.

Auch das noch! Mitten im Reden fällt mir meine Tasche um. Tampons, Papiertaschentücher und meine leicht versiffte Lidschattenpalette purzeln heraus. Der Tag geht weiter wie prophezeit, nämlich nicht gut. Ich beuge mich nach unten, um mein Zeug wieder in die Tasche zu stopfen, und während ich mich langsam wieder aufrichte, sehe ich etwas Wunderbares. Am Kinn von Frau Promi hängt ein Krümel.

Ein Stück Fisch, denke ich und muss mir Mühe geben, um nicht in Gelächter auszubrechen, so sehr erinnert mich die Szene an den berühmten Loriot-Sketch. Die Welt scheint mir auf einmal doch gerecht zu sein.

Ich rücke meinen Stuhl zurecht, schiebe den Teller zur Seite, hole meinen Notizblock heraus, fülle mir Wasser nach, bestelle eine Cola mit Eis und Zitrone und trage mein Projekt weiter vor. Alles läuft jetzt wie am Schnürchen. Als ich fertig bin, entschuldige ich mich kurz, gehe auf die Toilette und schaue in den Spiegel. Augen und Wimpern sind ein Traum.

Selbst die Perfekten, also die vermeintlich Perfekten, kochen nämlich nur mit Wasser. Das ist keine Neuigkeit, aber ich rufe mir dieses Erlebnis immer an solchen Mist-Tagen ins Gedächtnis, wenn alle um mich herum scheinbar so vorbildlich, so tadellos, so mühelos, so ohne Probleme zu sein scheinen.

Vor lauter Klamotten, Frisur, Falten, vor lauter Beautymanagement, Gesundheitsmanagement, Job, Karriere, Diäten, Innere-Mitte-Suchen und neuesten Lippenstiften vergessen wir oft, dass absolute Perfektion von niemandem erreicht wird. Da wird gestrafft, gezogen, gefüllt, abgenäht und umgenäht. Wir perfektionieren uns bis zum Abwinken. Und dann zerstört ein einziger kleiner Krümel das alles.

Mist-Tage kommen und gehen. Die gab es immer, die gibt es immer, und die wird es auch immer wieder geben. Dennoch habe ich mittlerweile eines gelernt: Aushalten, das ist unsere Devise. Sonst hilft leider nichts. Es hilft nicht, permanent zu grübeln, wie man hätte besser, klüger, intelligenter oder lässiger sein können. Das ist unnötige Zeitverschwendung. Da muss man manchmal eben durch, das muss man auch mal aushalten. Und während so ein Tag schleppend vergeht, denken Sie einfach: Auch dieser Tag geht vorüber, wie alle anderen Tage. Das hilft. Und übrigens: Die Promi-Kirsche hat zugesagt.

22

Ecken und Kanten? – Wir sind lässig

Je älter wir werden, desto schwammiger werden wir. Es heißt zwar, wir wüssten jetzt, was wir wirklich wollen, aber das stimmt längst nicht immer. Eigentlich sind wir sogar katastrophal unsicher. Und warum? Uns fehlt es an Format. Wir müssen uns mehr positionieren. Gerade ab vierzig. Wir laufen sonst Gefahr, im Einheitsbrei unterzugehen. Um sichtbar zu bleiben, sollten wir ab und zu ein Statement setzen. Wir sind zu alt, um in der Bahn die Füße auf den Sitz zu legen, und zu jung, um jemandem, der uns in der Fußgängerzone angerempelt hat, die Handtasche auf den Kopf zu hauen. Wir müssen unsere eigenen Wege finden, um wahrgenommen zu werden.

Wenn jemand über Sie sagen würde, dass Sie Format haben – Sie würden das doch mögen, oder? Und wer Format haben will, braucht erst mal ein Profil. Haben Sie eines?

Ich klingle bei Hanni. Sie ist die einzige Frau, die ich kenne, die noch nie verheiratet war und stolz darauf ist. Wir wollen uns einen gemütlichen Abend machen, ehrlich gesagt wollen wir uns den *Bachelor* anschauen. Das kann ich nur mit Hanni, die sieht sich nämlich jeden Mist an, steht aber auch

dazu. Dazu bestellen wir uns eine Pizza, danach ist Ruhe –
denn während der Sendung reden wir kaum. Das ist so ein
Ritual, das wir haben.

Heute ist also *Bachelor*-Time. Aber als sie die Haustür öff-
net, sehe ich gleich, dass etwas los ist. Sie hat nämlich einen
Müllsack in der Hand.

»Huch, ich dachte, wir machen uns einen gemütlichen
Abend. Das sieht allerdings nach Arbeit aus. Was tust du
denn da?«

»Es ist an der Zeit auszumisten«, erklärt sie. »Ich bin jetzt
über vierzig, und was sich in dieser Zeit alles angesammelt
hat, das geht gar nicht.« Sie rattert wie eine Maschine. »Gestern habe ich Fotos von meiner Tante Gertrud gefunden –
ihre Wohnung war voller Zeugs, die konnte nichts, aber auch
gar nichts wegwerfen. Und alles wahllos durcheinander.
Schrecklich.« Hanni holt nun tief Luft und fängt an zu
referieren, als kenne der Tag kein Morgen. »Also, ab einem
gewissen Alter muss man für Ordnung sorgen, um sich selbst
ein Profil zu geben. Da stellt man sich zum Beispiel keine
gerahmten Bilder irgendwie auf die Fensterbank, sondern
hängt sie an die Wand, mindestens zwanzig oder dreißig,
das sieht nämlich stilvoll und lässig aus. Findest du das
nicht auch? Wir müssen uns präsentieren! Damit meine ich,
dass wir Profil brauchen. Je mehr Profil, desto besser stehen wir da, desto mehr Erfolg haben wir. Dazu brauchst du
Kante!«

»Da komme ich nicht ganz mit.«

»Na, diese überall herumstehenden gerahmten Fotos, das
wirkt so hilflos und irgendwie marode in unserem Alter.«

Ich fasse es nicht. »Sag mal, das ist jetzt nicht dein Ernst,
oder? Mit den Bilderrahmen auf der Fensterbank modern

wir vor uns hin. Mit stylish geschmückten Wänden liegt uns die Welt zu Füßen, oder wie soll das sein?«

»Klar! Darüber könnte ich dir einen Vortrag halten. Gerahmte Familienfotos, am besten noch in Herzform, auf Fensterbänken, Kommoden oder Beistelltischchen gehen gar nicht mehr, wenn man die Vierzig überschritten hat. Es sei denn, man heißt Thurn und Taxis und hat ein Schloss. Aber in einer normalen Zweizimmerwohnung mit Balkon und Ausblick auf die Hauptstraße hat so etwas nichts zu suchen. Ist meine Meinung. Ich kann's dir nicht erklären, aber es beklemmt mich. Deshalb muss das Zeugs jetzt weg. Peng!« Sie schleift den Müllsack ins Wohnzimmer.

Hanni redet weiter wie ein Buch. »Genauso wie Orchideen – beliebt und damit inflationär im Einsatz als Wohnzimmerschmuck bei Frauen ab vierzig. Aber die meisten blühen gar nicht mehr, und statt sie an eine wenig frequentierte Stelle zu stellen, bis die Blüten wiederkommen, werden diese staksigen Dinger betüddelt, als bräuchten die einen Pflanzenarzt.«

Hanni setzt ihr Plädoyer gegen alles, was die Frau ab vierzig in einen Topf werfen könnte, fort. »Grünpflanzen, Zeitungsständer, CD-Regale, billige Gläser, Zeitschriften mit Fernsehprogrammen auf dem Couchtisch oder Garderobenhaken im Flur. All das wirkt ältlich, marode, miefig.«

»Sonst noch was?«, hake ich nach.

»Ja, Unmengen. Kochbücher im Regal längs gestellt. Geht nur gestapelt. Elektrische Pfeffer- und Salzstreuer, vollgestopfte Kleiderschränke, alte Geschirrhandtücher, billige Gästehandtücher mit Spitze am Saum ...« Sie schüttelt sich und rümpft die Nase. »Ich könnte eine Abhandlung über Fußmatten schreiben, insbesondere über solche, die Sprüche draufhaben wie ›*Home Sweet Home*‹, ›Luxus-Tempel‹ oder ›*Home of the Queen*‹. Sieh dir die Fußmatte an, und du weißt, was abgeht.«

»Das sagst du nur, weil du keine Fußmatte hast«, bemerke ich und trage meine Dramaqueen-Fußmatte im Geiste zur Mülltonne. *Farewell!*

»Natürlich habe ich eine. Habe lange danach suchen müssen. Gold mit pinken Kreisen ohne Aufschrift, aber wehe, ich erwische einen, der sich an ihr die Schuhe abstreift.«

Eine goldene Fußmatte, das ist so Goldschnitte!

Hannis Art gefällt mir. Sie ist immer für eine Überraschung gut, und sie ist markant. Und sie macht mehr aus sich. Sie gibt etwas hinzu, sie inszeniert sich. Sie hat eine Haltung. Hanni ist im richtigen Film. Dadurch scheint sie einzigartig, und sie ist auf ihre Weise rigoros, weil sie mit ihrer Meinung nicht hinter dem Berg hält. Damit können viele nicht umgehen. Sie setzt Statements! Sie hat Ecken und Kanten! Sie traut sich was, und nicht nur dann, wenn es um ihre Wohnung geht.

Einmal fragte ich sie, ob sie Lust hätte, mit mir und einer Bekannten essen zu gehen. Ihre Antwort: »Sei mir nicht böse, aber mit der kann ich nicht essen gehen. Die hat keine Tischmanieren und kaut permanent Kaugummi. Das macht mich rasend.« Im ersten Moment war ich etwas konsterniert, aber ich fand's gut. Wieder ein Statement abgegeben. Klare Ansage.

Das Erwartete ist langweilig – das Unerwartete schafft Aufmerksamkeit. Lassen Sie sich ein paar eigenwillige Gesten einfallen, die zu Ihnen passen. Irritieren Sie! Die Art, wie Sie ein Glas halten oder auch wie Sie sich eine Zigarette anzünden, sofern Sie rauchen, zum Beispiel! Bei Hanni ist es immer ein Fest, das zu sehen. Wenn ihr ein Mann Feuer gibt, greift sie seine Hand und zieht diese zu sich und ihrer Zigarette heran … und dann schenkt sie ihm einen Mörderblick. Irre! Ich schmeiße mich jedes Mal weg, wenn ich beobachte, wie die Kerle darauf reagieren. Unfassbar. Sie hat sich das aus dem Film *Marokko* mit Marlene Dietrich abgeschaut. In solchen Momenten ist Hanni nicht mehr nur Hanni, sie ist mehr. Das ist die Inszenierung. Das macht sie zum Beispiel auch, wenn sie einen Geschäftstermin hat. Immer, aber wirklich immer, hat sie dann einen fetten Leitz-Ordner dabei. Egal, ob sie ihn benötigt oder nicht. »Damit setze ich gleich ein Zeichen. Es ist wichtig, wie man zur Tür reinkommt«, sagt sie dann. Und sie hat recht.

»Älterwerden ist nichts für Feiglinge.« Der Satz ist zwar bescheuert, aber auch wahr. Wir haben doch alle das Gefühl, dass wir nur noch von jüngeren Menschen im besten Alter umgeben sind, die mit den straffen Bodys, die nur so strahlen vor Glück, Ungeduld, Lebensfreude und Wahnsinn, die alles noch vor sich haben, oder? Wir haben das Gefühl, nicht mehr in der ersten, sondern in der zweiten Klasse zu sitzen. Umgeben von Bemerkungen wie: »Oje, morgen ist schon wieder Sonntag. Und dann ist das Wochenende rum.« Oder: »Endlich wieder Wochenende.« Oder: »Wir sollten mal wieder was machen.« Und dann passiert aber nichts.

Als Kind oder Teenager hat man nur ein Ziel: achtzehn zu werden. Und genau das bräuchten wir auch. Ziele. Pläne. Welche Ziele haben über vierzigjährige Frauen? Wenn ich mich so umhöre, kommt da nicht gerade viel. Meist heißt es nur, man möchte mehr entspannen, vielleicht gelassener werden, manchmal mehr genießen. Es gibt aber nichts Schlimmeres, als keine Ziele zu haben und immer nur darauf zu schauen, was die anderen machen. Nichts ist erschreckender, als planlos nach irgendwas zu suchen, statt selbst Initiative zu ergreifen.

Auch alles auf das Alter zu schieben ist so sinnvoll wie ein Cabrio im Winter in St. Petersburg. Es bringt uns nicht nur nicht weiter, sondern früher oder später schleppen wir dann so viele Ziele und Pläne als Altlasten mit uns herum, dass wir nur vor ihnen kapitulieren können. Jung zu sein bedeutet zwar, keine Falten zu haben, bedeutet aber ebenso, immerzu nachdenken zu müssen, ob man Kinder will oder nicht, wann der Richtige kommt und wie es mit der Karriere weitergehen soll. Da sind wir doch schon ein gutes Stück weiter und können uns neuen Dingen stellen.

Hervorstechen können wir sowieso nur, wenn wir ehrlich zu uns selbst sind. Ich weiß, wann ich einen Affen aus mir mache, aber das muss ich ja nicht jedem sagen, der es nicht zu wissen braucht. Wir brauchen den Mut zur Niederlage, um wieder aufzustehen, frei nach dem Motto: Hingefallen, kurz besinnen, Krönchen richten, aufstehen und weitergehen. So etwas kann man nicht überzeugend mit zwanzig bringen. Uns hat man sicherlich mindestens einmal das Herz gebrochen, aber wir haben es auch getan. Wir haben es überlebt, und wir wissen, wie es sich anfühlt – ja, das Leben geht weiter. Aber wir sind immer noch neugierig, auch verwundbar, aber nicht mehr ganz so naiv. Wir sind vorsichtig, aber nicht zaghaft. Wir riskieren weiterhin noch etwas, nur etwas bewusster. Wir genießen den Moment intensiver, verlieren uns aber nicht in Nostalgie. Wir können die Sau rauslassen, können lässig sein. Wir tun zwar immer so, als sei uns die Meinung anderer egal. Ist aber bei den wenigsten der Fall. Leider. Was zerreißen wir uns das Maul, wenn wir eine Frau sehen, die aus der Masse hervorsticht. Uiiii. Da wird gelästert. Das sollten wir uns tunlichst abgewöhnen! Das macht alt!

Wir sollten dafür einstehen, Nein zu sagen, denn das machen die wenigsten. Wir sind noch viel zu oft Mainstream. Ich plädiere für Vielfalt. Endlich haben wir die Kohle, müssen nicht in WGs wohnen, sind zumindest etwas selbstsicherer als vor zwanzig Jahren – hoffe ich. Wir können andere verblüffen, und sollten das auch mal machen. Das Beste am Alter ist doch, dass wir Erfahrungen haben, dass wir einigermaßen wissen, wie der Hase läuft. Wir wissen, wo der Rückspiegel ist, drehen ihn aber weg. Nach vorn zu gucken ist besser.

Zu perfekt, zu toll ist nicht wirklich erstrebenswert, das ist nämlich zu angestrengt. Wir sollten mal einen Tag probieren, an dem alles egal ist. Damit kann man nicht nur andere, sondern besonders sich selbst überraschen. Sagen Sie sich an diesem Tag: »Ist mir egal, dass ich zu dünne Haare habe, ist mir egal, dass meine Waden zu dick und meine Hüften zu breit sind. Es ist egal, was mein Nachbar über mich denkt, mein Chef oder die Verwandtschaft.«

Anfangs scheint es unmöglich zu sein, aber wenn man sich einmal dazu durchgerungen hat, einen Egal-Tag einzulegen, glauben Sie mir, das ist so befreiend! Weil man sich dann richtig ausleben kann.

Es stimmt, kein teurer Friseur, kein Visagist kann den eigenen Gesichtsausdruck positiver aussehen lassen, wenn man nicht positiv drauf ist. Nicht von ungefähr ziehen Frauen, die gar nicht unserem Schönheitsideal entsprechen, attraktive Männer an. Sie konzentrieren sich auf ihre Stärken und zerfleischen sich nicht ständig selbst – das macht sexy.

Wir über vierzig haben Ecken und Kanten und müssen nicht mehr alles mitmachen. Wir können lässig sein, aber auch peinlich. Wir dürfen Geld haben, aber wir können auch mit Pleiten umgehen.

Wir könnten eine Sextoy-Messe genauso souverän moderieren wie eine Tupper-Party. Wir stellen auch keinem Mann mehr die Frage: »Schatz, was denkst du gerade?« Weil es uns nicht interessiert.

Meine Freundin Claire sagt immer, sie würde sich wünschen, die über Vierzigjährigen hätten ein besseres Image. Entschuldigung – wie soll das gehen, wenn wir nicht selbst dafür sorgen? Irgendwann einmal habe ich mir den Spruch »Ihr lacht über mich, weil ich anders bin? Ich lache über euch, weil ihr alle so gleich seid« aus der Zeitung herausgerissen und ihn in mein Notizbuch gelegt. Da ist er jetzt immer noch, und ich finde ihn nach wie vor famos. Das sollte unser Image sein. Wir brauchen mehr Willenskraft, mehr Humor. Denn das ist es, was uns in wahre Goldschnitten verwandelt.

Solange wir auf Ü40-Partys rennen, wird unser Image niemals golden. Ü40-Partys müssten verboten werden, rigoros, denn sie bereiten alles andere als Spaß. Und Spaß brauchen wir wirklich dringend. Silvia Bovenschen, eine 1946 geborene Autorin, sagte einmal: »Wenn manche sagen, ach, man wird älter, und dann kommt der Tod … dann hätte ich immer Lust zu sagen: Nur Mut, Leute, bis dahin könnt ihr euch ja noch ein bisschen amüsieren.« Herrlich, oder?

Meiden Sie Leute, die Sie nicht wirklich mögen, die Kraft kosten, die immer nörgeln, die permanent unzufrieden sind, aber nichts ändern. Sie meiden ja auch Katzen, wenn Sie eine Katzenallergie haben.

Überhaupt, seien Sie konsequent – ändern Sie es, wenn Ihnen etwas gegen den Strich geht. Oder finden Sie sich damit ab. Alles andere wirkt lächerlich.

Und: Fortan beschließe ich, das gewisse Etwas zu haben. Noch weiß ich nicht genau, was es ist, aber ich weiß, was es nicht ist: auf keinen Fall eine verkrampfte Haltung, ein verkrampftes Bewahren von etwas, was einfach nicht aufzuhalten ist, nämlich das Alter. Das macht nur Bauchschmerzen. Niemand kann sich auf das Älterwerden vorbereiten. Es ist unmöglich. Aber auch wenn wir uns nicht wirklich darauf vorbereiten können, so können wir wunderbar das Leben improvisieren. Und laufen wir nicht immer dann zur Höchstform auf, wenn wir improvisieren müssen?

Deshalb: Nehmen wir uns nicht zu ernst, das hat immer noch den meisten Charme. Seien Sie wild, crazy und ein wenig posh. Also eine echte Goldschnitte!

Anhang

Der Spickzettel für die goldene Handtasche

Es gibt ein paar Regeln, die Frauen über vierzig kennen sollten. Auch wenn Regeln natürlich immer dafür da sind, gebrochen zu werden. Das gilt selbstverständlich genauso für die von mir aufgestellten Regeln.

Diese hier sind aber simpel in der Umsetzung und enorm in der Wirkung. Billig mit Teuer zu kombinieren oder generell günstige Kleidung teuer aussehen zu lassen, ist die Kunst, die es zu beherrschen gilt. Augen offen halten, und zwar überall! Kreativität ist gefragt. Und wirklich auch mal was wagen.

Natürlich kommt es hauptsächlich auf die inneren Werte an, aber die äußeren haben auch noch nie geschadet und werden ab vierzig leider oftmals vernachlässigt.

Stil kann man natürlich nicht nur mit seiner Kleidung zeigen. Stil ist ein Rundumpaket. Dazu gehört, dass man sich ordentlich benehmen kann, respektvoll mit anderen umgeht, dem Kellner ein Trinkgeld gibt und versucht, höflich durchs Leben zu gehen. Aber optisch, finde ich, gibt's da auch ein paar Basics.

An einem ganz schlechten Tag können die Klassiker die Rettung sein: Ein Männerhemd oder ein XXXL-Pullover wirken wahre Wunder. Und zwar kombiniert mit einem roten Lippenstift – und schon dreht sich die Welt wieder! Wenigstens einigermaßen.

Ja, ja, die Klassiker. Jeder kennt sie. Hundertmal wurde darüber geschrieben. Aber ich reite trotzdem noch einmal darauf herum. Folgendes sollten Sie wirklich im Schrank haben:

- Einen etwas edleren Blazer – gibt immer Haltung, gerade wenn man mal keine hat.
- Eine gut sitzende Jeans – ich weiß nicht, was man früher ohne sie gemacht hat.
- Ein schwarzes Kleid – fragen Sie nicht, warum, es hat seine Wirkung. Für den Tag und die Nacht, für Frankfurt und New York. Und für Bielefeld.
- Einen Damen-Smoking oder ein Abendkleid – es wird der Tag kommen, an dem Sie ein solches Outfit brauchen. Glauben Sie mir.
- Eine weiße Bluse oder ein weißes Männerhemd mit Manschettenknöpfen. Das sollte man tragen, wenn man denkt, dass man niemandem das Wasser reichen kann. Damit können Sie's.
- Einen schwarzen Rollkragenpullover – der hat immer Stil und ist immer passend. Immer.
- Eine schöne, viel zu große, lange Strickjacke für zu Hause. Die benötigen Sie, um Ihre schlabbrige Jogginghose aufzuwerten.
- Ein Paar teure schwarze High Heels – Glattleder, niemals Wildleder.
- Ein paar bunte, schräge Turnschuhe – Turnschuhe sind eine Metapher für Coolness, eine Metapher für leicht, aber nicht leidenschaftslos.

- Eine schöne Sonnenbrille – macht ein Langweiler-Outfit zum Trend.
- Eine hochwertige Lederjacke – sie ist unverzichtbar: je dicker und rotziger, desto besser.
- Eine richtig teure Handtasche (gibt's auch secondhand) – ein Upgrader par excellence!
- Ein Paar Lederhandschuhe – je farbiger, desto besser, sie werten immer auf.
- Ein Trenchcoat von Burberry – und manchmal auch nichts darunter.

Was Sie noch wissen müssen:

- Gold und Silber passen jetzt zusammen.
- Eine richtig große Männeruhr macht mehr her als jeder Armreif.
- Dass Gürtel und Schuhe zusammenpassen, ist nicht mehr unsere Liga.
- Wenn Sie nur das kaufen, was Ihnen auf den ersten Blick Schnappatmung verschafft, reduzieren Sie Ihre Fehlgriffe!
- Besser in teure Schuhe und Taschen investieren als in ein teures Outfit.
- Rote Fingernägel gehen auch mit über vierzig.
- Und die unteren Wimpern dürfen auch immer noch getuscht werden. Einfach die Partie unter den Augen ein wenig abpudern, und schon hat sich das Problem mit den Pandaaugen erledigt.
- Ab vierzig sollten wir eher in die Frisur statt in Schmuck investieren. Schmuck lässt uns sowieso älter aussehen, als wir sind. Lieber zwei gut platzierte Hingucker als überall

so ein bisschen. Lieber einen fetten Ring als vier schmale. Lieber an einem Arm ein Pfund Armreifen als zwei schmale Bänder, die traurig herumbaumeln. Schon bemerkt? Eine Frau, die gar keinen Schmuck trägt, wirkt selbstbewusst. Wahrscheinlich, weil man sich permanent fragt, wieso sie darauf verzichten kann. So etwas fällt auf.

- Was geht sonst noch? Eigentlich alles.

Die folgende Liste, meine persönliche NO-GO-GEHT-GAR-NICHT-LISTE, kann man sich ja mal anschauen, natürlich muss man nichts beherzigen:

- Feinkniestrümpfe aus Nylon!
  Die gehören sofort in den Müll – es gibt kaum ein erniedrigenderes Kleidungsstück. Entweder wir tragen richtige Kniestrümpfe oder richtige Nylons.
  Übrigens: Farbige Kniestrümpfe sind, kombiniert mit dem passenden Oberteil, sensationell, so etwa pinkfarbene Kniestrümpfe zum pinkfarbenen Sweatshirt (muss ja nicht mit Aufschrift sein ☺).
- Füßlinge!
  Die sind nur beim Sport und bei Turnschuhen akzeptiert, ansonsten gehören sie in keine anderen Schuhe. IN KEINE!
- Pumps zu Jeans!
  Das ist immer ein NO-GO, ab vierzig ein absolutes! Pumps gehören zum Kostüm und sonst zu nichts – und: Das Wort »Pumps« schaffe ich demnächst eigenhändig ab.
- Ballerinas!
  Ballerinas gehören zu Ballerina-Figuren. Mehr ist dazu nicht zu sagen.

- Zöpfe!
  Völlig absurd, auch nicht zum Sport. Es sei denn, Sie zeigen mir jemanden, der damit ernst zu nehmend gut aussieht.
- Ohrclips!
  Ohrclips ab vierzig, eventuell sogar noch als Hänger, haben dieselbe Wirkung wie Kölnisch Wasser.
- Perlen!
  Einzelne Perlenketten machen schlichtweg alt. Sie können aber richtig glamourös und stilvoll wirken, wenn sie »geschichtet« getragen werden. Also viele Ketten auf einmal tragen.
- Rucksäcke!
- Eine an einer Kette um den Hals gehängte Lesebrille!
- Ungepflegte Füße! Pediküre ist ein Muss.
- Ein grauer Haaransatz!

»OMG! (O mein Gott!) Sehe ich gut aus – und was ich nicht habe, kaufe ich mir!« Diesen Satz manchmal einfach nur auszusprechen, wirkt auch Wunder.

Danke!

Sollten Sie mal ein Buch schreiben wollen, dann sehen Sie zu, dass Sie sehr gute Freunde haben. Gute nützen Ihnen nichts, es müssen sehr gute sein. Und kluge dazu. Schwierig, aber ich habe solche. Die hatten Ideen, die wussten vieles besser, die haben gelesen, leider auch gestrichen, aber auch hinzugefügt, die haben mich mit Sprüchen und Essen versorgt. Sie waren immer für mich da. Und das ist Gold wert. Das sind sie, Goldschnitten, wie sie im Buche stehen: Petra Irrle, Petra Grotenrath, Dr. Stefanie Engeroff, Andrea Schmidt, Rumiana Lammer, Katrin Schwenk, Alexandra Simon, Anke Krämer, Kerstin Köhler, Olivia Obstoj.

Ich danke meiner Agentin Bettina Querfurth, die jetzt pinke Schuhe trägt, dass sie mich bis zum Schluss durch sämtliche Irrungen und Wirrungen geführt hat. Unverdrossen und hochprofessionell. Danke an Britta Hansen vom Diana Verlag, die mich so charmant immer in dem Glauben gelassen hat, ich hätte das Sagen und was zu sagen. Danke an meine Lektorin Regina Carstensen, die lektoriert hat, als gäbe es kein Morgen – was auch bitter nötig war.

Danke an meine Tochter Carlotta, die mir nachts den Zettel »Leg dich hin und schlaf, das macht kreativ« hingelegt hat. Danke, Stefan – als Frau wärst du eine Knaller-Goldschnitte.

»Kompetent plädiert Brigitte Roser für eine neue Perspektive.« emotion

Ein glückliches und sinnvolles Leben, davon träumen wir alle. Doch statt zu handeln, sagen wir: „Das geht jetzt nicht, weil ...", und treten auf der Stelle. „So bin ich eben" – dieser Satz spricht zwar für Selbsterkenntnis, nicht aber für den Willen zur Veränderung. Dabei ist es möglich, die Dinge anzupacken, mutiger zu werden, sich weiterzuentwickeln – wenn wir endlich aufhören, uns herauszureden. Die erfolgreiche Psychologin und Unternehmensberaterin Brigitte Roser erklärt, wie wir immer wieder in die gleichen Fallen laufen, und macht Lust auf einen Neuanfang.

ISBN 978-3-453-35475-3
Auch als E-Book erhältlich   Leseprobe unter diana-verlag.de

Diana Verlag

Raus aus dem Stress –
rein ins Leben

Immer wieder nehmen wir uns vor, aus dem Hetz-Karussell auszusteigen, und tappen schon in die nächste Stressfalle. Kein Wunder, denn der Job ist fordernd, unser Privatleben turbulent. Zeitmanagement und Optimierungspläne helfen wenig. Wir müssen offensichtlich neue Lösungen finden, wenn wir uns nicht durch die Tage jagen lassen wollen. Wie das funktioniert, erklären die BRIGITTE-Autorinnen anhand eines 10-Schritte-Programms, mit dem jede Leserin ihren ganz persönlichen Weg aus der Stressfalle findet.

ISBN 978-3-453-38016-5
Auch als E-Book erhältlich   Leseprobe unter diana-verlag.de   **Diana** Verlag